Kita(r)evolution
Zeit für Veränderung

Kita (R)EVOLUTION

Zeit für Veränderung

© Verlag Herder GmbH, Freiburg im Breisgau 2023
Alle Rechte vorbehalten
www.herder.de

Umschlagkonzeption und -gestaltung: Gestaltungssaal,
Rohrdorf bei Rosenheim
Satz: Sabine Hanel, Gestaltungssaal
Coverillustrationen: © Jay's photo - GettyImages,
Florian Augustin - shutterstock, © Gestaltungssaal
Illustrationen im Innenteil: © Jay's photo - GettyImages,
Florian Augustin - shutterstock, © Gestaltungssaal

Herstellung: Graspo CZ, Zlín
Printed in the Czech Republic

ISBN (Print) 978-3-451-39922-0
ISBN EBook (PDF) 978-3-451-83055-6
ISBN EBook (EPUB) 978-3-451-83040-2

Du für uns

Du tröstest, spielst, gibst, sprudelst, malst, pustest, herzt, turnst, liest, bereicherst, trägst, erzählst, hörst zu, inspirierst, beruhigst, lachst und gibst dein Bestes – jeden Tag. Du nimmst die Kinder in Empfang, begleitest sie durch ihre Kita-Zeit und trägst dazu bei, dass sie glücklich aufwachsen.

Dafür setzt du dich einem großen Lärmpegel aus, verzichtest auf Vorbereitungszeit oder Pausen, wenn es von dir gefordert wird, du zeigst eine hohe Leistungs- und Leidensbereitschaft zum Wohle der Kinder, Eltern, Kolleg:innen, der Leitung oder des Trägers. Du stärkst allen den Rücken – und wer stärkt dich?

Ohne dich gäbe es sie gar nicht: die Kita. Das bedeutet aber nicht, dass du noch mehr auf dich laden, noch länger arbeiten oder weitere Einschnitte akzeptieren musst, sondern: Du bist wichtig, und ja, du darfst das zeigen!

Wir für dich

HERDER

kindergarten heute

Wie willst du als Fachkraft sein?

Inhalt

Zeit für Veränderung — 8
Vorwort

Wie willst du als Fachkraft sein? — 13
Der Einstieg in die Kita(r)evolution
Kathrin Hohmann

Wenn du etwas veränderst, verändert sich alles. — 23
Warum wir den Stein ins Rollen bringen müssen
Anna Noß

Doch, du kannst! *Schritte in die Veränderung* — 30
Sebastian Lisowski

Vorbild sein. *Das eigene Verhalten reflektieren* — 39
Lea Wedewardt

Mutig neue Wege gehen. *Vom Müssen zum Wollen* — 50
Christin Füchtenschneider

Klar sorge ich für mich. — 58
Von Selbstfürsorge und Grenzen setzen
Hergen Sasse

Einen Gang zurückschalten. — 68
Warum Gelassenheit unbedingt in den Kita-Tag gehört
Hannah Vasiliadis

Wenn ich einen Wunsch frei hätte ... (oder mehrere). — 82
Kitas als sichere Orte für Kinder
Fea Finger

Plädoyer für eine Kita(r)evolution — 91
Laura Henriette Grimm

10 Botschaften der Kita(r)evolution — 100

Literaturverzeichnis — 107
Verzeichnis der Autorinnen und Autoren — 109

Zeit für Veränderung

Vorwort

Ja, es gibt sie, die Fachkraft, die Kinder mit Lätzchen am Tisch fixiert, damit sie ruhig sitzen bleiben, die Kinder aus dem Morgenkreis ausschließt, weil sie das Datum nicht wissen, oder sie nicht am Ausflug teilnehmen lässt, weil sie auf die vierte Ermahnung nicht gehört haben. Es gibt auch vielerorts das vorherrschende Selbstverständnis, dass jedes Kind in der Krippe schlafen muss, Eingewöhnungen immer zur gleichen Zeit am Vormittag stattfinden und bei Personalmangel konsequent die Vorbereitungszeit gestrichen wird. Dazu haben Einrichtungen viel zu kleine Räume, keine Ausweichmöglichkeit, keinen Rückzugsort, vielleicht nicht mal einen Pausenraum für die Kolleg:innen. Lästereien im Team sind unumgänglich, es herrscht eine große Unzufriedenheit und die Leitung steht dem hilflos gegenüber.

Stopp! Genug gejammert.

Es gibt nämlich auch die Fachkraft, die geduldig mit Luis Schuhe anziehen übt, weil er es unbedingt können will. Die Fachkraft, die Amelie in Ruhe ihren Turm fertig bauen lässt, und beide erst etwas später die Gartenzeit einläuten. Und die Gruppe, die sagt: „Wir schieben die Vorbereitungszeit nicht in unseren Feierabend, dann müssen wir heute mal eine Stunde früher schließen." Es gibt die Leitung, die dem Träger sagt: „Nein, wir nehmen nicht 100 Kinder auf, ich habe Personal für 80. Wenn ich mehr Personal habe, öffne ich mehr Gruppen." Es gibt die Auszubildende, die sagt: „So möchte ich das nicht machen."

Sie ist spürbar, die Motivation, etwas zu verändern, und dieses neue Bewusstsein breitet sich gerade an so vielen verschiedenen Orten in ganz Deutschland aus: durch die Fachkräfteverbände, die Initiativen aus Wissenschaft und Praxis und die vielen Bildungvisionär:innen wie in diesem Buch.

Du bist unfassbar wichtig – das ist die Botschaft unseres Buches. Genau genommen bist du das wichtigste Glied der Kette, das sagt dir nur niemand. Wir schon! Du spielst eine zentrale Rolle im Leben der Kinder, die so viel Zeit bei dir verbringen. Damit prägst du sie auf ganz bedeutsame Weise.

> Sie ist spürbar, die Motivation, etwas zu verändern, und dieses neue Bewusstsein breitet sich gerade an so vielen verschiedenen Orten in ganz Deutschland aus: durch die Fachkräfteverbände, die Initiativen aus Wissenschaft und Praxis und die vielen Bildungvisionär:innen wie in diesem Buch.

Es läuft nicht alles rund, es gibt immer wieder Momente, die herausfordern, in denen es gar nicht so leicht ist, professionell zu bleiben. Wie Kinder wachsen auch wir als Erwachsene an neuen Situationen und erweitern unser Wissens- und Erfahrungsfeld. Und genau das darf sein: die Möglichkeit, Fehler zu machen, und der Mut, sie zu reflektieren. Du kannst immer wieder innehalten und dich fragen: Behandle ich das Kind gerade so, wie ich gerne als Kind behandelt worden wäre? Bin ich eine Fachkraft, die ich mir als Kind gewünscht hätte?

Kinder werden vor ganz anderen (Lebens-)Aufgaben stehen als wir. Wir können nur raten, was morgen und übermorgen wichtig sein wird oder mit welchen Themen sich die nachfolgenden Generationen auseinandersetzen. Deshalb lohnt es sich, das, was wir weitergeben (möchten), infrage zu stellen. Vielleicht mit dem Ergebnis: ja, es darf so bleiben, oder mit dem Ergebnis: ja, Kinder brauchen etwas anderes von uns, von mir.

Was hilft Kindern in ihren ersten Jahren dabei, die Grundlage zu bilden, damit sie ihre Lebenszeit gut meistern können? Was heißt überhaupt „gut"? Und für wen? Was werden sie wissen, was wir nicht wissen? Wie sollen ihre Vorbilder sein? Wer oder was wird sie beeindrucken? Worauf können sie vertrauen? Wie können sie sich bereit fühlen für das, was kommt? Für das, worauf wir sie nicht vorbereiten können? Was werden sie verändern?

Was erscheint dir wichtig für die Zukunft? Und wie sieht der Alltag der Kinder aus, wenn lernen Spaß machen und sinnvoll sein darf?

Die Leitfrage dieses Buches ist: Wie willst du als Fachkraft sein?
a) Wodurch lässt du dich begeistern und was macht dir mit den Kindern Freude?
b) Was kannst du tun, damit ihr in der Kita eine gute Zeit zusammen habt?
c) Wie willst du Pädagogik leben?

Die Kita(r)evolution passiert bereits seit langer Zeit. An vielen Orten. Im Kleinen. Bei einzelnen Fachkräften, Gruppen oder Kitas. Sie passiert von innen heraus, eher wie eine Evolution, in der sich Schritt für Schritt Veränderungen vollziehen, die sich manifestieren und wieder neue Veränderungen nach sich ziehen können. Wir glauben ganz fest daran, dass sich alles irgendwann zum Guten entwickelt. Aber wann ist der Punkt, an dem diese Kitaevolution laut wird? Braucht es ihn nicht vielleicht doch, den Paukenschlag? Ist es nicht irgendwann genug? Wir finden, es ist an der Zeit, laut zu werden, wachzurütteln und eben doch eine Revolution anzuzetteln – eine friedliche.

Hier findest du Impulse von vielen wundervollen Autor:innen, die die gleiche Vision teilen, die dich darin bestärken, neue Wege zu denken und neue Wege zu gehen. Trau dich, alte Pfade zu verlassen, die du nicht mehr gut findest. Du wirst neue finden.

Gehst du mit?

Freiburg, Juni 2023

„Man weiß nie, was daraus wird, wenn die Dinge verändert werden. Aber weiß man denn, was daraus wird, wenn sie nicht verändert werden?"

Elias Canetti

Wie willst du als Fachkraft sein?

Der Einstieg in die Kita(r)evolution

von Kathrin Hohmann

Kinder kommen zu uns auf die Welt und sind vollkommen. Sie zeigen sich ihrer Umwelt gegenüber zugewandt, neugierig und offen. In ihre Bindungspersonen haben sie ein uneingeschränktes Vertrauen und blicken mit wachen Augen jedem neuen Moment entgegen.

Mit jedem Tag, den Kinder älter werden, werden mehr Ansprüche an ihre Entwicklung gestellt: Plötzlich wird angenommen, dass wir Kinder zu sozialen Wesen erziehen, sie in einen Rahmen pressen müssen. Aber verlieren sie damit nicht ihre Vollkommenheit, Zugewandtheit, Neugier, Offenheit und ihr Vertrauen und damit ihre Kreativität, Individualität, Kompetenz und vor allem ihre Stärke, ihren Selbstwert und den Glauben an sich selbst? Wollen wir das wirklich? Oder vertrauen wir dem sozial und kompetent geborenen Kind, so dass es zu einem Mensch werden kann, der kreativ, eigenverantwortlich und gemeinschaftsfähig ist? Sind es nicht diese Menschen, die wir in der Zukunft brauchen?

Es könnte so einfach sein

Fragen wir Eltern in den Eingangsgesprächen zur Aufnahme in die Kita, was sie sich für ihr Kind wünschen, so antworten diese überwiegend: Die Kinder sollen in der Kita eine gute Zeit haben, soziale Kontakte knüpfen, Freundschaften schließen, reichlich spielen dürfen und sich vor allem wohl und gemocht fühlen – so wie sie sind! Das klingt so einfach.

Natürlich sind wir in der Praxis an Vorgaben und Bildungspläne gebunden, die den Alltag nicht ganz so einfach machen. Dennoch haben die Kinder ein Recht auf eine wunderschöne Zeit in einer pädagogischen Einrichtung, in der sie täglich mit offenen Armen an einem geborgenen Ort von einer zugewandten Fachkraft empfangen werden.

> Dennoch haben die Kinder ein Recht auf eine wunderschöne Zeit in einer pädagogischen Einrichtung, in der sie täglich mit offenen Armen an einem geborgenen Ort von einer zugewandten Fachkraft empfangen werden.

Blick in die Zukunft

Wir wünschen uns doch alle eine Gesellschaft, in der wir uns miteinander verbunden fühlen und gut miteinander umgehen. Wir wollen uns als Individuum frei und selbstbestimmt entwickeln und gleichzeitig erfahren, wie wir uns umsichtig und respektvoll in der Gruppe bewegen. Während sie aufwachsen, erleben Kinder in der Regel Bewertungen, Vergleiche, Noten und gewaltvolle Handlungen. Wünschen wir uns ein gewaltbewusstes und achtsames Miteinander, dann ist es an uns Erwachsenen, dieses den Kindern vorzuleben, damit sie die kompetenten Wesen bleiben, die sie doch ursprünglich einmal waren. Möchten wir unsere Gesellschaft verändern, ist es an der Zeit, alle Scheinwerfer auf genau eine Bühne zu richten: die Kindheit. Dort braucht es Menschen, die jedem Kind wohlgesonnen, zugewandt und mit Wertschätzung begegnen. Genau dort wollen wir hin! Und dafür braucht es dich!

Erfahren Kinder eine sichere Bindung, Geborgenheit und Nähe ihrer primären Bezugspersonen, erlangen sie eine innere Überzeugung, dass die Welt ein sicherer Ort ist, an dem sie geliebt werden. Dieses Grundgefühl ist ein wichtiger Grundpfeiler für das spätere psychische Wohlbefinden (Zemp, Bodenmann & Zimmermann 2019). Mit Eintritt in die Kinderbetreuung stehen die Kinder vor einer großen Herausforderung, sich in der neuen Lebenswelt zurechtzufinden. Durch diverse Studien wissen wir, dass eine gute familienergänzende Kinderbetreuung sich durch folgende Kriterien auszeichnet: Kontinuität der Betreuungspersonen und Kinder, niedriger Betreuungsschlüssel, eine überschaubare Gruppengröße, die Ausbildung und Qualifikation des Betreuungspersonals, die institutionellen Rahmenbedingungen sowie die Aktivitäten und die Ausstattung der Einrichtung.

> Möchten wir unsere Gesellschaft verändern, ist es an der Zeit, alle Scheinwerfer auf genau eine Bühne zu richten: die Kindheit.

Die wichtigsten Fragen für das Wohlergehen eines Kindes sind:
- Konnte das Kind eine tragfähige Beziehung zu einer Bezugsfachkraft aufbauen?
- Ist die Bezugsperson für das Kind verfügbar, wenn es sie braucht?
- Fühlt sich das Kind wohl und geborgen?

Es herrscht eine große Unsicherheit darüber, welche Form der Begleitung Kinder benötigen – sowohl zuhause als auch in der Kita. Während sich einige darum sorgen, dass Kinder ohne Erziehung wie im Weltall ohne Halt und Grenzen umherfliegen, sind andere davon überzeugt, dass wir uns getrost vom autoritären Erziehungsgedanken verabschieden sollten. Die autoritäre Erziehung weist eine strenge und kontrollierende Haltung gegenüber dem Kind auf. Sie bewegt Kinder durch Belohnungen und Strafen zu Gehorsam und schränkt sie darin ein, sich frei und selbstwirksam zu entwickeln. Das ist nicht die Richtung, die wir uns für die Zukunft der Kinder wünschen. Es braucht einen Erziehungsstil, der Kinder als individuelle Persönlichkeiten anerkennt und ihren Autonomiebestrebungen ausreichend Raum schenkt. Es geht darum, dass wir uns für die Lebenswelt der Kinder interessieren, ihnen neugierig folgen und uns gemeinsam mit ihnen den Herausforderungen des Alltags stellen. Es ist Zeit, die Distanz abzubauen und durch persönliche Anwesenheit zu ersetzen. Kinder brauchen ein Umfeld, in dem persönlicher Kontakt und authentische Beziehungen gelebt werden. Sie möchten an den Persönlichkeiten ihrer Führungspersonen, an deren Gefühlen, Bedürfnissen und Grenzen teilhaben dürfen.

Als Fachkraft führst du Kinder mit deinem Wissens- und Erfahrungsvorsprung. Du reichst ihnen die Hand und schenkst ihnen Halt und Schutz, wenn sie ihn benötigen. Gleichzeitig ermöglichst du ihnen, eigene Erfahrungen zu sammeln, und stehst ihnen tröstend und feinfühlig zur Seite.

> **Als Fachkraft führst du Kinder mit deinem Wissens- und Erfahrungsvorsprung. Du reichst ihnen die Hand und schenkst ihnen Halt und Schutz, wenn sie ihn benötigen. Gleichzeitig ermöglichst du ihnen, eigene Erfahrungen zu sammeln, und stehst ihnen tröstend und feinfühlig zur Seite.**

Du bist der Fels in der Brandung

Dabei bringst du deine eigene Persönlichkeit mit und begleitest Kinder auf deine ganz eigene Art und Weise. Du hast deine eigene Geschichte, deine eigene Kindheit im Gepäck, mit Gefühlen, individuellen Bedürfnissen und Grenzen, das steht außer Frage. Gleichzeitig gibt es eine klare Erwartung an das Berufsbild der pädagogischen Fachkraft. Schlicht aus dem Grund, dass es eben kein Zufall sein darf, ob ein Kind in einer guten oder schlechten Einrichtung von einer feinfühligen oder unreflektierten Fachkraft begleitet wird. Auch wenn eine jede Fachkraft-Kind-Beziehung hochindividuell ist, darf die Qualität dieser nicht dem Zufall überlassen werden. Jedes Kind hat ein Recht auf eine sichere Beziehung zu einer vertrauten Person in der Zeit, wenn die Hauptbezugspersonen nicht da sind. Du prägst die Kinder – für ihr ganzes Leben!

Unsere Gesellschaft – im Großen wie im Kleinen – und mit ihr das Bildungssystem brauchen ein Umdenken – mehr noch – einen Umbruch!

Beginnen wir mit der Veränderung – mit einer Kita(r)evolution!

Fragen zur Reflexion:

Bist du die Fachkraft, die du für Kinder sein willst?

....
....
....
....
....
....

Wärst du gern Kind in deiner Kindergruppe?

....
....
....
....
....
....

Woran wird sich ein Kind später erinnern und welches Gefühl in sich tragen, wenn es an seine Zeit in der Kita zurückdenkt?

Stärkst du durch deine Begleitung ihr Selbstbild, wissend, dass deine Worte zu ihrer inneren Stimme werden?

Impuls

Wer passt sich wem an?

Wenn die Aufgaben und **Ansprüche** an Fachkräfte immer mehr werden, wird außer Acht gelassen, dass die Arbeitszeit sich daran nicht anpassen kann. Der Tag bekommt nicht mehr Stunden, nur weil die To-Do-Liste um 10 Zeilen (oder mehr) erweitert wird. Es ist nicht möglich, noch zahlreiche andere Aufgaben zu übernehmen oder einfach mal mehr Kinder zu betreuen. Wenn das **Hamsterrad** sich immer schneller dreht, schlaucht das, zermürbt, macht uns müde und schließlich antriebslos. Und zurück bleibt das Gefühl, du musst dich für das, was du tust, rechtfertigen, zeigen, was du leistest, du darfst nicht einfach nur im Garten sitzen und dabei gesehen werden, wie du **Kaffee** trinkst und mit Kolleg:innen sprichst.

    Wird denn auch gesehen, wie du Leon zur Seite eilst, weil er hingefallen ist, Martas Mütze im Sand wiederfindest oder mit Can Trampolin springst?

    DU bestimmst über deinen Wert, über den Wert, den deine Arbeit hat. Du musst dich nicht rechtfertigen. Genau da beginnt bereits die **Wertschätzung:** in dir.

    Genauso wie das Freispiel der Kinder keine Erklärung braucht, sollten sich Fachkräfte für diese Zeit nicht erklären müssen.

Du bist wichtig. Jeden Tag im Leben der Kinder. Stell dir vor, sie verbringen mehr Zeit in der Einrichtung als du. Stell dir vor, sie **kooperieren** den ganzen Tag mit dir. Wie erschöpfend das für sie ist. Und sie haben keine Wahl. Sie besuchen die Kita, weil sie dort hingebracht werden. Verbunden mit der **Hoffnung** der Eltern, dass es ihnen dort gut geht.

Bis sich die Rahmenbedingungen ändern, wirst du noch unzählige Male hören, dass du nicht genug verdienst oder nicht wertgeschätzt wirst. Vielleicht kannst du das **fett** unterstreichen, weil du genauso empfindest, oder aber, du empfindest ganz anders. Aber unabhängig davon: Die Kinder brauchen dich **jetzt.** Und sie haben Fachkräfte verdient, die ihre Arbeit gerne machen. Sie können für die Situation, wie sie ist, nichts. Sie bleiben einige Jahre bei euch, sie erleben den Wechsel von der Krippe in den Kindergarten, werden zu Vorschulkindern. Es ist eine so kurze **Zeitspanne** im Vergleich zu den ewigwährenden Debatten um die Systemreform in Kitas. Dass sie kommen muss, ist klar, dass sie nicht kommt, das Problem. Und am meisten trifft es die Kinder. Sie brauchen verlässliche, zugewandte und ja, **positive** Fachkräfte, die sie begleiten. Es darf nicht darum gehen, Fachkräften immer mehr aufzuladen. Es muss darum gehen, mitzuteilen: Es reicht, nein, wir machen nicht mehr, und trotzdem haben wir bessere **Bedingungen** verdient. Weil die Arbeit, die wir leisten, bereits wertvoll ist. Die Arbeitszeit wird nicht mehr, die Begleitung der Kinder nicht einfacher. Es ist nicht leistbar. Du als Fachkraft weißt, wo deine Grenzen sind. „Ich arbeite x Stunden. In dieser Zeit kann ich diese Aufgaben machen, diese nicht." Und jede Fachkraft hat unterschiedliche **Bedürfnisse,** unterschiedliche Stärken, ein unterschiedliches Tempo und auch das darf einfach sein.

Fragen zur Reflexion:

- Was kann ich in meiner Arbeitszeit leisten?

  ....
  ....
  ....
  ....

- Wo komme ich an meine Grenzen?

  ....
  ....
  ....
  ....

- An wen kann ich mich wenden, wenn ich Hilfe brauche?

  ....
  ....
  ....
  ....

Wenn du etwas veränderst, verändert sich alles

Warum wir den Stein ins Rollen bringen müssen

von Anna Noß

Manchmal frage ich mich, wie wir in einer derart fortschrittlichen Welt bis jetzt mit diesem Bildungssystem durchgekommen sind.
Autos, Medizin, Computer, Flugzeuge, Kaffeemaschinen, Telefone, das Internet, alles hat sich in den letzten Jahrzehnten rasend schnell weiterentwickelt. Viele Einrichtungen, die ich kenne, und das gesamte System, das daran hängt, kommen mir aber oft vor wie ein großes, unbewegliches Monstrum, das sich mit schwerer Ritterrüstung langsam vorwärtsbewegt. Hier lässt der Fortschritt auf sich warten. Dabei forschen wir und finden heraus, wie die Gehirne von Kindern reifen, wie sie sich entwickeln und was sie dementsprechend brauchen. Wir wissen heute auch, wie sich verschiedene Erziehungsstile auf die Kinder auswirken. Wir haben herausgefunden, wie Kinder lernen. Mit diesem Wissen

geht ein langsamer und leiser Wandel durch die Bildungslandschaft. Verschiedene Ansätze und Einsichten klopfen an unsere Türen. In vielen Einrichtungen sind die Türen jedoch noch verschlossen. Dabei sind Kinder doch genau das Gegenteil von diesem alten, schweren System: Sie sind dynamisch, bunt, quirlig, lebendig. Sie bringen Leichtigkeit, Weisheit, Unbedarftheit und jede Menge Humor in unsere Welt.

> Dabei sind Kinder doch genau das Gegenteil von diesem alten, schweren System: Sie sind dynamisch, bunt, quirlig, lebendig. Sie bringen Leichtigkeit, Weisheit, Unbedarftheit und jede Menge Humor in unsere Welt.

Jedes Kind ist einzigartig. Kinder werden nicht als defizitäre Wesen geboren, die erst von uns lernen müssen, um vollkommen zu sein. Sie bringen alles mit, was sie brauchen. Sie sind bereits eigenständige Persönlichkeiten. Sie sind bindungs- und beziehungsfähig von der ersten Sekunde ihres Lebens an, sie sind kleine Forscher:innen und Entdecker:innen, die sich immer begeistern lassen. Sie wollen gestalten und sind absolute Teamplayer. Sie haben eine angeborene Offenheit und Vorurteilslosigkeit. So viele Forschungsergebnisse und Erfahrungen von Pionier:innen zeigen, dass es neue Wege gibt, die wir beschreiten können. Ich nenne die Richtung dieser Wege „kinderwärts". In vielen Einrichtungen weht jedoch noch ein rauer Wind. Der Ton, der dort an den Tag gelegt wird, ist erniedrigend, der Umgang mit den Kindern basiert auf einer autoritären Haltung und es gibt wenig Raum für individuelle Entwicklung. Obwohl ich selbst nie auf diese Weise agieren wollte, war meine Erfahrung im Laufe meiner ersten Berufsjahre, dass auch ich in stressigen Situationen, die mich überforderten, zu ähnlichem Verhalten neigte. Ich hatte einfach so gut wie keine Handlungsalternativen, keine Vorbilder und wenig Wissen (trotz pädagogischer Ausbildung).

Gemeinsam gegen den Strom

Wir wollen wertschätzend mit den uns anvertrauten Kindern umgehen und ja, das ist nicht immer einfach. Dazu kommt, dass Kolleg:innen uns belächeln, kritisieren und hinterfragen, und es fühlt sich so an, als wäre man allein auf weiter Flur. Ich habe mir die Frage gestellt, ob ich nun alles ganz furchtbar und hoffnungslos finden will, den Beruf wechsle und Schreinerin werde, oder es trotz allem selbst anders mache. Denn was zeichnet die Veränderung aus? Dass es Menschen gibt, die Selbstverständliches hinterfragen und die anfangen, anders zu handeln.

> Denn was zeichnet die Veränderung aus? Dass es Menschen gibt, die Selbstverständliches hinterfragen und die anfangen, anders zu handeln.

Du bist da. Ich bin da. Wir sind da! Und das ist doch schon ein super Anfang, denn unser Job ist einer der wertvollsten in unserer Gesellschaft. Mach dir das immer wieder bewusst. Und lass dir vor allem nicht einreden, du als Fachkraft seist weniger wert als Fachkräfte anderer Fachrichtungen. Wir brauchen Menschen, die losgehen, die um ihre Stärken wissen, obwohl es schwierig ist.

Begeben wir uns auf diese spannende Reise kinderwärts. Dort können wir uns ausprobieren und neue Wege beschreiten. Und in jedem Moment, in dem wir einem Kind begegnen, haben wir die Wahl, es anders zu machen. Ich glaube, dass wir für die Welt von morgen keine braven Pflichterfüller:innen brauchen. Wir brauchen Menschen, die innovativ diese Welt gestalten und die vor allem auch die anstehenden Herausforderungen meistern können. Denn die Zukunft ist ungewiss.

Kinder radikal ernst nehmen

Wir brauchen Kitas, die Kinder auf das Leben vorbereiten und nicht auf die Grundschule. Wir brauchen Vertrauen in die Entwicklung. Wir brauchen Orte, an denen es um die Individualität des Kindes und die Grundlagen seiner Entwicklung geht. Also benötigen wir eine Pädagogik, die sich am Kind orientiert und nicht an gesellschaftlichen Erwartungen oder Zwängen.

In unseren Einrichtungen darf sich eine Haltung etablieren, in der wir Kinder radikal ernst nehmen.

Es kann nicht so bleiben, wie es ist. Und das wird es auch nicht, weil wir den ersten Schritt gehen:

Jeder Moment, in dem du einem Kind gleichwürdig, also auf Augenhöhe begegnest, zählt.

Jeder Moment, in dem du deine eigene Kindheit und Erziehung anschaust und damit dein Handeln heute reflektierst, zählt.

Jeder Moment, in dem Raum für Entfaltung und Individualität da ist, zählt.

Jeder Moment, in dem wir uns Zeit für Bindung und Beziehung nehmen, zählt.

Jeder dieser Momente macht einen riesigen Unterschied für die uns anvertrauten Kinder.

Stück für Stück legen wir mit diesem Handeln und unserem neuen Blick auf Kinder die schwere Ritterrüstung ab. Es tut sich was, wenn wir etwas tun.

Die (R)evolution geschieht durch unser Handeln.

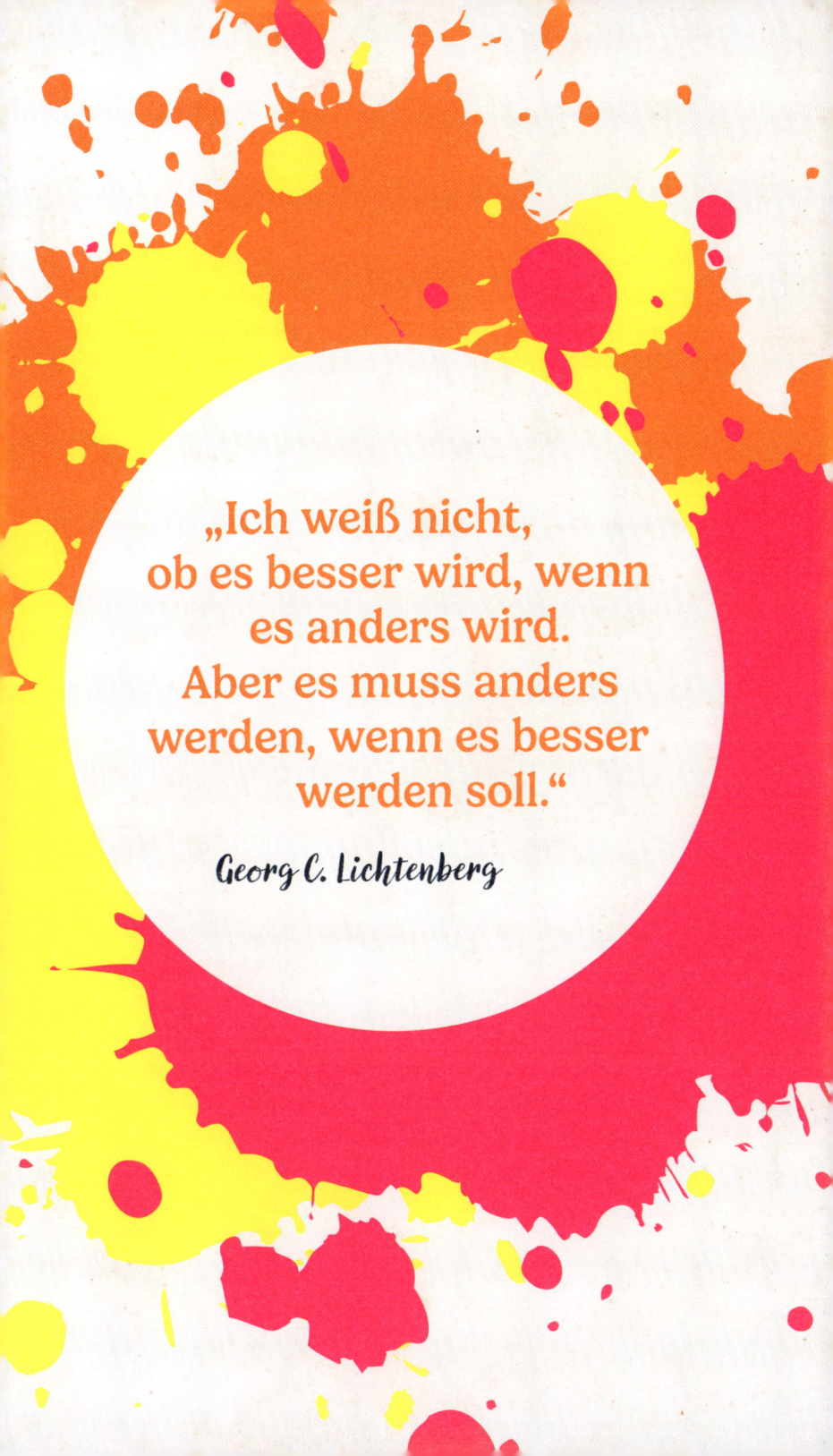

Impuls

Mut zur Veränderung

Nicht alle Veränderungen liegen in unserer Hand. Für viele Veränderungen sind wir abhängig von anderen. Aber die Kita-Welt ist im **Aufbruch.** Das macht Mut. Und dann gibt es die Veränderungen, die wir an uns und in uns vornehmen können.

- Weil wir jeden Tag **entscheiden** können, wie wir starten und was uns motiviert.
- Weil etwas in uns passiert, wenn wir mitlachen, wenn wir uns von Kindern **begeistern** und überraschen lassen und jedem negativen Gedanken mindestens einen positiven entgegensetzen können.
- Weil wir ein Recht darauf haben, uns nicht demotivieren zu lassen, sondern **glücklich** zu sein.

Es beginnt mit einem **ersten kleinen Schritt,** einem liebevollen Gedanken, einem zarten Lächeln, einer guten Idee, einem ernst gemeinten Kompliment, einem achtsamen Blick, einer wertschätzenden Absicht, einem Moment des Innehaltens, des Einfach-mal-anders-Machens … und ist richtig **ansteckend.**

Was kann dich begeistern?

....
....
....
....
....
....
....
....

Doch, du kannst!

Schritte in die Veränderung

von Sebastian Lisowski

Wenn in unserem Leben etwas nicht so läuft, wie wir es gerne hätten, suchen wir oftmals nach einem Schuldigen. Dabei neigen wir dazu, die Schuld bei anderen zu suchen und uns selbst als Opfer zu sehen. Diese Haltung liegt nahe und ist zunächst einmal verständlich. Sie kann jedoch dazu führen, dass wir uns selbst immer weiter in die Opferrolle drängen und damit unsere eigene Handlungsfähigkeit einschränken.

Es ist wichtig, dass wir unsere eigene Haltung reflektieren und uns bewusst machen, dass wir selbst verantwortlich für unser Wohlergehen sind. Jede und jeder von uns kann selbst wirksam sein. Dabei dürfen wir uns nicht von anderen Menschen abhängig machen.

Die Lehre von Kühen und Büffeln

Prägen Glaubenssätze, wie „Ich kann doch eh nichts bewirken", „Die anderen machen es doch auch nicht anders" oder „Immer trifft es mich" deinen Alltag?

Hast du das Gefühl, sowieso nichts ändern zu können?

Dann lass mich dir eine inspirierende Geschichte über Büffel und Kühe erzählen:

Zu der Familie der Rinder zählen Kühe und Büffel. Beide besitzen ein sehr feines Gespür für sich nähernde Stürme. Beide wollen den Sturm schnellstmöglich überstehen. Und doch verfolgen sie unterschiedliche Strategien: Kühe fliehen im klassischen Sinne vor dem Sturm, so wie jeder instinktiv handeln würde. Das Ergebnis jedoch ist, dass der Sturm die Kühe schon bald einholt und sie bei ihrer Flucht begleitet. Bei dieser Strategie kommen zahlreiche Kühe durch Erschöpfung und den Sturm selbst ums Leben.

Büffel hingegen haben sich durch Jahrhunderte der Evolution eine ganz besondere Strategie angeeignet: Sie „fliehen" in den Sturm hinein und laufen ihm entgegen. Sie stellen sich ihrer großen Angst. Sie haben gelernt, dass der Sturm so viel schneller an ihnen vorbeizieht und sie so schneller aus der ihnen unangenehmen Situation herauskommen. Die Verluste, die die Büffel hierbei erleiden, sind weitaus geringer als bei den Kühen.

Was kannst du also aus dieser Geschichte für dich mitnehmen?

- Du hast es in der Hand, ob du dich deinen Widerständen stellst, Selbstverantwortung übernimmst und dich diesem Zustand nicht länger als nötig aussetzt.
- Du hast immer eine Möglichkeit, eine unangenehme Situation proaktiv anzugehen.

„Veränderung wird nur hervorgerufen durch aktives Handeln"
» Dalai Lama

Prägen dich immer noch hinderliche Glaubenssätze? Dann sage ich dir: „Doch, DU kannst!" Du kannst die Veränderung sein! Sei wie die Büffel und nimm dein Leben selbst in die Hand, stelle dich deinen Herausforderungen und ändere proaktiv die Umgebung durch dein Handeln.

Ein Beispiel für die Praxis: Frau Müller, die Mutter eines Kindes, kommt völlig wutentbrannt auf dich zu, wie der Sturm. Du hast nun zwei Möglichkeiten: Die Flucht antreten, wie es die Kühe tun, oder du stellst dich dem Sturm, wie die Büffel.

- Wenn du dich für Szenario „Kuh" entscheidest und dir eine Ausrede für eine mögliche Flucht überlegst, wird sich die Wut der Mutter immer weiter hinziehen und eurem Verhältnis schaden.
- Wählst du jedoch Szenario „Büffel", stellst du dich Frau Müller, beispielsweise mit einem: „Hallo Frau Müller, wie kann ich Ihnen helfen?" und einem „Ich verstehe Ihren Unmut und sehe, Sie haben Redebedarf. Gerade jetzt ist es ungünstig, da ich zu den Kindern muss, aber ich nehme mich Ihrem Anliegen gerne heute Nachmittag an". Damit hast du eine unangenehme Situation angenommen, dir Luft zum Atmen verschafft und dabei das Anliegen von Frau Müller ernst genommen.

Die Haltung als Grundstein für Veränderung

Du kannst und wirst nicht alles ändern, aber du kannst etwas tun. Du hast eine Haltung – zu dir selbst, zum Kind oder zum Beruf. Diese Haltung ist entscheidend für den Alltag in deiner Einrichtung und damit auch für dein persönliches Wohlbefinden.

Wenn du das Gefühl hast, dass dich deine Haltung einschränkt, dann ist es **Zeit für Veränderung.**

Aber was genau kannst du ändern? Hier sind einige Anregungen:

- Ändere deine Einstellung zum Kind: Kinder sind keine kleinen Erwachsenen, sondern Wesen mit eigenen Bedürfnissen und Fähigkeiten. Sie lernen auf ihre eigene Art und Weise und entwickeln sich in ihrem eigenen Tempo. Wenn du mehr Verständnis und Akzeptanz für Kinder entwickelst, wirst du auch gelassener und entspannter in deinem Umgang mit ihnen sein.

- Ändere deine Einstellung zum Beruf: Unser(e) Beruf(ung) ist kein Kampf, auch wenn es sich oft so anfühlen kann. Pädagogik ist ein Prozess des gemeinsamen Lernens und Wachsens. Wenn du dich als Partner:in und Begleiter:in siehst, nicht als Verantwortliche:r und Retter:in der Welt, wirst du viel leichter mit Konflikten umgehen können und die Beziehung zu allen Akteur:innen, insbesondere zu dir selbst, verbessern.

- **Ändere deine Einstellung zu dir selbst:** Sei nicht so hart mit dir selbst! Niemand ist perfekt und jeder macht mal „Fehler". Lerne, diese „Fehler" zu akzeptieren und an ihnen zu wachsen. In jedem Fehler steckt ein Helfer (vgl. Wedewardt & Cantzler 2022, S. 27). Sei stolz auf das, was du erreicht hast, anstatt dich immer nur auf das zu konzentrieren, was noch besser sein könnte. Gib dir selbst die Zeit und den Raum, um dich weiterzuentwickeln – du hast es verdient!

Weitergabe an die nächste Generation

In dir stecken so viel Potenzial, Erfahrung und Begeisterung. Du kannst diese weitergeben: an die Kinder, an die Familien, an deine Kolleg:innen und an alle künftigen und angehenden Fachkräfte!

Bereits in der Begleitung und Anleitung von angehenden Fachkräften – dazu zählen Praktikant:innen, FSJler, Bufdis (Bundesfreiwilligendienstler:innen), (berufsbegleitende) Studierende – kannst du den Grundstein für eine starke Zukunft legen. Angehende Fachkräfte orientieren sich an dir, deinen Werten, deiner Haltung, deinem Handeln. Sie wollen von und mit dir lernen. Sie wollen Theorie und Praxis miteinander verknüpfen. Sie wollen mehr als nur Praktikant:in oder Auszubildende sein. Du kannst ihnen diesen Rahmen geben.

Begleite angehende Fachkräfte bei ihrem Ankommen. Gib ihnen den Raum und die Zeit alles kennenzulernen, Fragen zu stellen, Abläufe zu verinnerlichen und mit jeder Person in Interaktion treten zu können, ohne dabei Erwartungen und Druck auszuüben.

„Die Welt verändert sich durch dein Vorbild, nicht durch deine Meinung."
» Paulo Coelho

Was du deinen Kolleg:innen von morgen vorlebst, werden sie auch später in ihrem Alltag umsetzen und vorleben.

Oder wie Mahatma Gandhi einst sagte: „Sei du selbst die Veränderung, die du dir wünschst für diese Welt."

> Was du deinen Kolleg:innen von morgen vorlebst, werden sie auch später in ihrem Alltag umsetzen und vorleben.

Impuls

Wie willst du als Fachkraft sein?

- ○ wertschätzend
- ○ achtsam
- ○ bedürfnisorientiert
- ○ kommunikativ
- ○ dialogorientiert
- ○ motiviert
- ○ humorvoll
- ○ fröhlich
- ○ inspirierend
- ○ neugierig
- ○ lernend
- ○ interessiert
- ○ ehrlich
- ○ authentisch
- ○ verständnisvoll

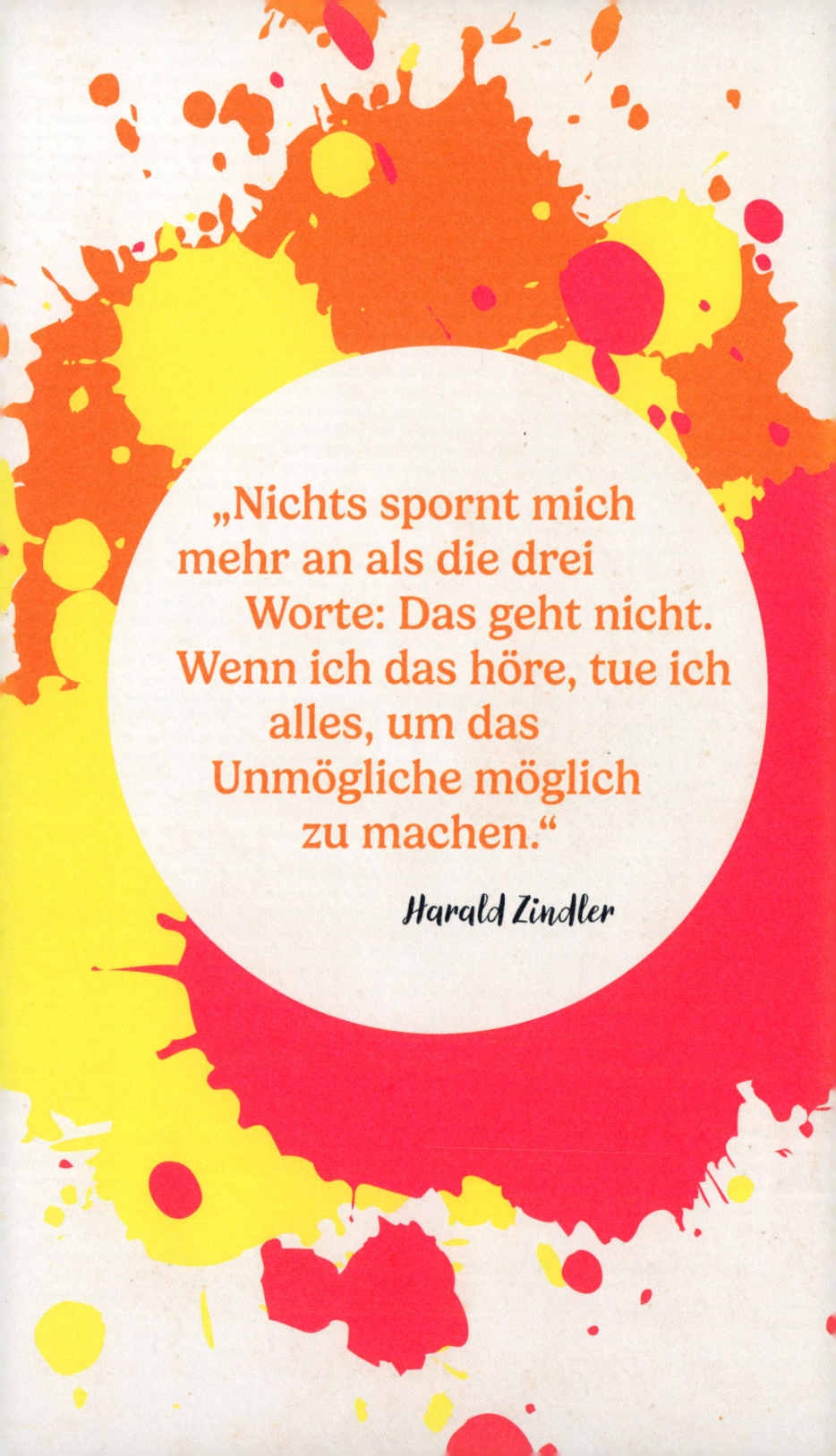

Vorbild sein

Das eigene Verhalten reflektieren

von Lea Wedewardt

Es wurden schon so viele Worte gesprochen und kluge Sätze darüber geschrieben, wie wichtig die Vorbildrolle der Erwachsenen für die Entwicklung der Kinder ist. Eines der wohl bekanntesten Zitate dazu lautet: „Wir brauchen unsere Kinder nicht erziehen, sie machen sowieso alles nach." (Karl Valentin). Klar scheint, dass Erwachsene, also auch pädagogische Fachkräfte, als Person mit ihrem Sein und ihrem Handeln wichtig dafür sind, wie Kinder sich entwickeln und wie gut sie später in der Welt zurechtkommen. Sie schauen bei den Erwachsenen ab, wie das Leben funktioniert, wie sie mit sich selbst umgehen, wie sie in bestimmten Situationen reagieren und welche Strategien z. B. in herausfordernden Momenten genutzt werden können.

„Erziehung findet überwiegend zwischen den Zeilen statt, dort, wo die Kinder uns als Erwachsene beobachten, sie nehmen in sich auf, wie wir mit ihnen und anderen umgehen, welche Tonart wir anschlagen, welche Werte wir verkörpern, welche Mittel uns recht sind. Es ist unsere eigene Liebes- und Beziehungsfähigkeit, die darüber entscheidet, ob wir Kinder in ihrer Entwicklung auf eine Weise absichern, die ihnen Halt und Orientierung für einen guten Umgang mit sich selbst und anderen bietet" (Scherwath 2021, S. 111). Es sind, neben den Hauptbindungspersonen zuhause die pädagogischen Fachkräfte, die vorleben, wie Beziehung funktioniert, wie ernst wir eigene Gefühle, eigene Bedürfnisse nehmen und wie authentisch und passend wir eigene Grenzen kommunizieren.

Vielleicht ist dir das aber gar nicht so bewusst oder du erlebst, dass Rahmenbedingungen, Stress, Überforderung und eigene Prägungen deine Kolleg:innen oder dich anders handeln lassen, als ihr wollt (vgl. Wedewardt & Cantzler 2022).

Was lebst du vor?

Damit Kinder lernen, welche Werte wichtig sind, braucht es pädagogische Fachkräfte, die sich ihrer eigenen Werte bewusst werden, die sich ihrer selbst bewusst werden, um so vorleben zu können, was ihnen am Herzen liegt, ohne dabei widersprüchliche Botschaften zu senden. Fragen, die sich pädagogische Fachkräfte im Alltag deshalb immer wieder stellen sollten, sind: „Was möchte ich den Kindern langfristig an Werten für ihr Leben mitgeben?" und „Was lebe ich gerade selbst vor?" Denn „einen Wert anzustreben und ihn tatsächlich auch (vor-) zu leben, sind zwei unterschiedliche Dinge" (Wedewardt & Hohmann 2021, S. 108). Aus diesem Grund ist es wichtig, sich im Alltag immer wieder zu beobachten, welche Werte möchte ich/wollen wir im Team vermitteln und welche Werte leben wir gerade vor?

> Fragen, die sich pädagogische Fachkräfte im Alltag deshalb immer wieder stellen sollten, sind: „Was möchte ich den Kindern langfristig an Werten für ihr Leben mitgeben?" und „Was lebe ich gerade selbst vor?"

Schritte der Wertereflexion

1. Eigene und die Werte im Team reflektieren.
2. Eigene und die Werte im Team schriftlich festhalten.
3. Beobachten, ob sie im Alltag gelebt werden und wie sie im Alltag erlebbar werden.
4. Eine Fehlerkultur etablieren, wenn Werte (noch) nicht vorgelebt werden.

Widersprüchliche Wertevermittlung

Am deutlichsten wird die Relevanz der Vorbildfunktion, wenn wir einen achtsamen, respektvollen Umgang miteinander anstreben, diesen jedoch nicht vorleben können. Ein Beispiel ist das Wegnehmen von Dingen. Eigentlich ist es uns wichtig, dass Kinder fragen, bevor sie Spielsachen nehmen und sie anderen nicht einfach wegnehmen. Andererseits passiert es uns immer wieder, dass wir Kindern Sachen aus der Hand nehmen. Ähnlich verhält es sich mit dem Schreien. Wir wollen nicht, dass Kinder schreien, um sich Gehör zu verschaffen, genau das tun wir aber, ohne dabei zu merken, dass wir damit widersprüchliche Werte vermitteln. Wenn in der Ruhezeit von Kindern verlangt wird, ruhig zu sein, Fachkräfte sich jedoch währenddessen unterhalten, kommen sie ebenso nicht ihrer Vorbildrolle nach. Das fühlt sich für Kinder wenig nachvollziehbar, unfair und widersprüchlich an. Stört ein Kind den Morgenkreis, wird es ausgeschlossen und damit diskriminiert. Das steht dem Wert der Toleranz entgegen.

Die Art der Ansprache wirkt ebenso unmittelbar als Vorbild. Leben Fachkräfte vor, dass es normal ist, nur Anweisungen zu geben, Forderungen zu stellen, in der Sprache zu diskriminieren, zu bewerten und Vorwürfe zu machen, lernen Kinder, genau in dieser „Sprachgewalt" (vgl. Wedewardt 2022) miteinander zu sprechen. Ebenso verhält es sich andersherum: Ist die Sprache verantwortungsbewusst, zugewandt, annehmend, verstehend, warm, frei von Bewertung und Diskriminierung, lernen Kinder diesen verbalen Umgang miteinander am Vorbild.

Obwohl Zwang etwas ist, das die meisten Menschen als Umgangsweise miteinander ablehnen würden, müssen Kinder noch immer oft die Erwartungen von Erwachsenen erfüllen und entgegen ihres eigenen Empfindens handeln. Sie werden beispielsweise gegen ihren Willen gezwungen, die Jacke anzuziehen oder etwas Bestimmtes zu essen. Das steht jedoch im Widerspruch zu Werten wie Vertrauen, Selbstbestimmung und Selbständigkeit, die vielen wichtig sind.

Kooperation geschieht auf zwei Seiten

> Wie selbstverständlich wird von Kindern verlangt, dass sie im Alltag kooperieren. Immer wieder ist jedoch zu beobachten, dass es die Erwachsenen sind, die nicht kooperieren.

Wie selbstverständlich wird von Kindern verlangt, dass sie im Alltag kooperieren. Immer wieder ist jedoch zu beobachten, dass es die Erwachsenen sind, die nicht kooperieren. Nur wenn Kinder am Vorbild lernen, wie es ist, dass ihnen jemand entgegenkommt, etwas für sie tut, können sie verinnerlichen, dass es möglich ist, etwas für das Gegenüber zu tun und zu kooperieren. Besteht keine gleichwürdige Beziehung, die von einem Geben und Nehmen geprägt ist, kann ein Kind auch nicht lernen, was es heißt, etwas für den anderen zu tun. Möchte ein Kind in den Toberaum, es wird ihm jedoch immer wieder mit einem harschen Ton verwehrt, weil keine Tobezeit sei, kann es nicht lernen, was es heißt, zu kooperieren. Merkt ein Kind jedoch, dass die Fachkraft sich bemüht, einen Weg zu finden, es ernst zu nehmen und auch an vielen anderen Stellen, dem Willen und den Anliegen der Kinder entgegenzukommen, lernen sie, was es bedeutet, zusammenzuarbeiten und Kompromisse zu schließen. Ein anderes Beispiel ist das Dazwischenreden. Es wird von Kindern verlangt, dass sie ruhig sind, wenn die Erwachsenen reden. Hingegen wird häufig übersehen, wenn ein Kind etwas sagen möchte. Erwachsene reden herein und unterhalten sich miteinander, obwohl ein Kind gerade gesprochen hat. In dem Fall sind es nicht die Erwachsenen, die kooperieren, sondern das Kind, welches mit seinem Redeanliegen missachtet wird. In der Praxis kann es sehr erhellend sein, zu beobachten, wann Kinder kooperieren (müssen) und wann die Erwachsenen.

Selbstliebe und Dankbarkeit

Du hast mit deiner Arbeit die einzigartige Chance, Kindern bedeutsame Werte für ihr Leben mitzugeben. Ein Wert von immenser Bedeutung für ein glückliches, gesundes Leben ist die Selbstliebe. Gelingt es dir, im Alltag bei dir selbst und mit dir in Kontakt zu bleiben, kannst du nicht nur authentische Beziehungen zu den Kindern eingehen, sondern vorleben, was es heißt, zu sich selbst eine Beziehung zu haben. Du kannst vermitteln, was es bedeutet, Verantwortung für die eigenen Gefühle und Bedürfnisse sowie die eigenen Triggerpunkte (vgl. Wedewardt & Cantzler 2022) zu übernehmen. Da-

> Du hast mit deiner Arbeit die einzigartige Chance, Kindern bedeutsame Werte für ihr Leben mitzugeben.

bei ist es wichtig, das eigene Verhalten zu reflektieren und auch den Kindern gegenüber zu kommunizieren, wie z. B.: „Jetzt bin ich gerade kurz laut geworden, als ihr eure Schuhe nicht ordentlich in der Garderobe hingestellt habt. Wisst ihr, als ich klein war, musste immer alles sehr ordentlich sein und das hat mich als Kind ganz schön unter Druck gesetzt. Deshalb werde ich manchmal sehr wütend bei dem Thema Ordnung. Dafür könnt ihr nichts!"

Um den Wert der Dankbarkeit vorzuleben, braucht es Erwachsene, die sich bei Kindern bedanken: dafür, dass sie unterstützen, dass sie kooperieren oder dazu beitragen, dass die eigenen Bedürfnisse erfüllt werden (vgl. Wedewardt 2022, S. 90). Wer sich selbst beobachtet, wird feststellen, dass er sich insbesondere bei Kindern, die herausfordernd sind, selten für etwas bedankt. Das führt dazu, dass der Wert der Dankbarkeit zwar für wichtig gehalten, jedoch nicht vorgelebt wird. „Sag danke!" wird folglich als Phrase von Kindern verlangt. Dass diese Floskel jedoch weniger den Wert der Dankbarkeit vermittelt als vielmehr Beschämung und Zwang, wird dabei übersehen. Wenn wir uns bedanken, dass Kinder einen Moment gewartet haben, wir uns bedanken, weil sie uns geholfen haben, wir uns bedanken, dass sie unsere Grenze geachtet haben, wir uns bedanken, dass sie ihr Kämpfen im Toberaum ausgetragen haben, dann leben wir den Wert der Dankbarkeit vor und nicht, wenn wir erwarten, dass sie „Danke" sagen.

> Wer sich selbst beobachtet, wird feststellen, dass er sich insbesondere bei Kindern, die herausfordernd sind, selten für etwas bedankt.

Insgesamt kannst du dich und könnt ihr euch gemeinsam im Team also immer wieder fragen:

- Was ist mir/uns wichtig?
- Welche Werte habe ich/haben wir?
- Was möchte ich/was wollen wir verkörpern?
- Was lebe ich/leben wir in unserer Einrichtung?
- Was will ich/was wollen wir vorleben?

Auf diese Weise können wir klar sein in unserer Haltung und vorleben, was uns wichtig ist. Statt Druck, Zwang, Gewalt und Machtmissbrauch kannst du dich für einen respektvollen, wertschätzenden Umgang, echte Dankbarkeit, Gleichwürdigkeit, Ehrlichkeit und Demokratie entscheiden.

Verantwortung übernehmen

Wie oft sagen wir Dinge, ohne darüber nachzudenken, was wir damit eigentlich sagen? Kennst du das? Sätze, die sich bei uns so tief eingebrannt haben, dass wir sie aus voller Überzeugung und mit einer Selbstverständlichkeit hinausposaunen. Es passiert einfach.

Aussagen wie „Sei lieb" oder „Stell dich nicht so an" verkörpern gleichzeitig eine Erwartung, die wir an das Kind haben.

Können Kinder diese Erwartungen erfüllen? Müssen sie das denn? Und warum? Und sagen diese Äußerungen nicht viel eher etwas über uns selbst aus?

Wenn Kinder lieb und gehorsam sind, machen sie uns Erwachsenen das Leben leichter. Klar. Aber geht es darum? Uns das Leben leichter zu machen? Was kann das Kind dafür, dass unser Leben nicht leicht ist? Trägt es dafür die Verantwortung oder darf es dafür verantwortlich gemacht werden? Nein.

Es liegt an uns, die Strukturen zu schaffen, die wir brauchen, um Kindern solche Sätze nicht zu sagen. Es liegt an uns, die Botschaften zu hinterfragen, die wir mit solchen Sätzen senden. Es liegt an uns …

Impuls

Ich habe mich für diesen Beruf entschieden, weil …

○ ich etwas bewirken will

○ die gemeinsame Zeit mit Kindern bildend ist

○ es viel zu lachen gibt

○ die Neugierde der Kinder ansteckend ist

○ kein Tag dem anderen gleicht

○ das Miteinander im Team entscheidend ist

○ ich meine Stärken einbringen kann

○ ich gerne kreativ bin

○ wir viel Zeit draußen verbringen können

○ es einfach Spaß macht

○ ich gerne mit Kindern zusammen bin

○ Kinder die Zukunft sind und eine gute Begleitung verdienen

Platz für weitere Gründe:

....

....

....

....

....

....

....

....

Mutig neue Wege gehen

Vom Müssen zum Wollen

von Christin Füchtenschneider

Hast du sie auch, diese lange Liste mit Aufgaben, Dingen, die du dir merken willst oder die heute unbedingt erledigt werden müssen? Vielleicht ist es die Planung des Eltern-Kind-Nachmittags, die morgige Teamsitzung oder die anstehenden Elterngespräche. Macht sich da ein ungutes Gefühl in dir breit, wenn du morgens die Kita betrittst?

Oft ist es dann ja so, dass wir diese Gedanken verdrängen wollen: Es muss ja! Dabei haben diese Gedanken ihre volle Berechtigung, denn: Gedanken wollen gedacht und Gefühle wollen gefühlt werden. Wenn du sie verdrängst, kehren sie irgendwann mit voller Wucht zurück. Und es gibt Tage, da scheint alles machbar zu sein, und andere, an denen wir das Gefühl haben, unterzugehen. Auch das ist normal, denn nicht jeder Tag ist gleich, nicht jeden Tag haben wir die gleiche Menge an Ressourcen und Energie.

Weniger müssen, mehr wollen

Oft ist es das Wort „müssen", das uns durch den Tag begleitet. Wie häufig kommt es bei dir vor? Ich muss die Eltern anrufen, den Brief schreiben, Tommys Lerngeschichte aufsetzen, die Fotos entwickeln ... Von „wollen" ist gar keine Rede. Wäre es nicht schön, weniger zu müssen und dafür mehr zu wollen?

Wie kannst du im Kita-Alltag eine Balance für dich finden? Ja, dein Job ist mit hohen Stressoren verknüpft, aber gleichzeitig darfst du auch auf dich achten und eine situative Wendigkeit im Kita-Alltag leben! Das bedeutet, du schaffst die Bedingungen, die dir guttun.

Welche Aufgaben sind wichtig und sinnvoll? Welche können getrost auf morgen oder später verschoben werden? Welche Aufgaben willst du herzlich gerne übernehmen, weil sie dir Spaß machen, welche willst du abgeben?

Du darfst Situationen verändern

Situative Wendigkeit bedeutet: Du hast Einfluss auf die Bedingungen, wie sie sind. Es muss nichts so bleiben, wie es ist. Sei es durch eine Veränderung deiner Gedanken – von: „Der Tag heute kann nur schlecht werden" zu: „Ich freue mich nicht auf das Gespräch, aber es ist nur ein Moment, es vermiest mir nicht den Tag" – über die Veränderung deiner Gewohnheiten oder Abläufe im Kita-Alltag. Ihr gewöhnt Kinder immer um 10 Uhr ein, obwohl das Zeitfenster total ungünstig liegt? Dann schiebt es auf 8 oder 11 Uhr.

Wir fühlen uns oft gefangen in diesen Zwängen, dabei haben wir unzählige Möglichkeiten, Einfluss auf die Ge-

> Es muss nichts so bleiben, wie es ist.

staltung des Tages zu nehmen. Nichts muss so bleiben. Du darfst situativ entscheiden – und wenden.

Gute Gedanken tun gut

Personalausfälle sind eine Belastung – grundsätzlich und im Alltag – und es macht die Arbeit nicht unbedingt attraktiver, immer unter dem Damoklesschwert des Personalausfalls zu stehen.

Nicht hilfreich sind dabei Gedanken wie: „Das fängt ja heute Morgen wieder gut an mit den Krankmeldungen. Da würde ich am liebsten direkt wieder nach Hause gehen!"

Hilfreicher ist: „Okay, es werden einige Kolleg:innen fehlen, umso wichtiger, dass wir uns heute Morgen gut absprechen, koordinieren und gemeinsam nach Lösungen suchen."

Nicht hilfreich: „Na toll, weil wir aushelfen müssen, können wir heute schon wieder nicht als Gruppenteam arbeiten und müssen neu planen. Ewig her, dass wir mal komplett waren!"

Hilfreicher: „Ja, ich hätte heute gern mit meinem Gruppenteam zusammengearbeitet. Das ist jetzt nicht möglich. Aber gleichzeitig ist es doch unser aller Ziel, uns kollegial zu unterstützen und so eine gute Balance in den Gruppen herzustellen. So sorgen wir gut für die Kinder und auch für uns. Außerdem lernen wir uns alle dadurch noch besser kennen."

Das klingt doch schon ganz anders, oder? Konstruktiver, lösungsorientierter. Gleichzeitig stecken in diesen Gedanken realistische Ziele und Umdeutungen, die dich positiv stärken. Natürlich bringt es nichts, die Dinge einfach schön zu reden, vielmehr soll dieses Reframing dabei helfen, die eigenen Ressourcen bestmöglich zu nutzen, andere Kolleg:innen vielleicht sogar mit der lösungsfokussierten Haltung anzustecken und positive Signale ins Team zu senden.

Ein Reframing hilft auch anderen Beteiligten, die bestehende Situation noch einmal anders für sich wahrzunehmen, und positive Signale benötigen wir im Alltag restlos alle.

Um Hilfe bitten

Besonders an Tagen mit einer dünnen Personaldecke braucht es situative Wendigkeit auf vielen Ebenen. Eigene und allgemeine Bedürfnisse müssen thematisiert werden, um Akzeptanz und Klarheit in der Zusammenarbeit herzustellen. Dazu gehört es auch, um Unterstützung zu bitten.

Fachkräfte sorgen für Qualität und präventiven Kinderschutz, wenn sie um Unterstützung bitten. Es ist eine große Stärke, zu spüren, wann die eigenen Kapazitäten schwinden, die Nerven dünner werden und der Ton rauer wird. Spätestens dann solltest du für dich sorgen und eben auch um Hilfe bitten. Daran ist nichts ehrenrühriges, im Gegenteil. Selbstbewusste Mitarbeitende kümmern sich auch aktiv um ihren Gesundheitsschutz. Deshalb sorge gut für dich, damit du gesund bleibst. Auch für die Kinder ist eine gesunde, zugewandte und damit authentische Fachkraft immer die beste Lösung.

> Fachkräfte sorgen für Qualität und präventiven Kinderschutz, wenn sie um Unterstützung bitten. Es ist eine große Stärke, zu spüren, wann die eigenen Kapazitäten schwinden, die Nerven dünner werden und der Ton rauer wird.

Grundsätzlich kann man zur Notwendigkeit von Abläufen und Veranstaltungen einige Fragen stellen, um sich über die eigene Aufgabe klarer zu werden und die Situationen richtig einzuschätzen:

- Wer hat welche Bedürfnisse?
- Was ist das Ziel?
- Stehen Aufwand und Ergebnis im Verhältnis zueinander?
- Zaubert das Angebot im Nachgang ein Lächeln ins Gesicht oder denkt der größte Teil des Teams „endlich geschafft"?
- Wie können sich andere beteiligen?
- Welcher Wochentag/welche Uhrzeit wird gewählt?

> Ihr dürft Dinge anders machen, ihr dürft und solltet sogar zum Wohle der Kinder in bestimmten Situationen anders handeln, wenn es sich als hilfreich darstellt. Man sollte nicht an Strukturen festhalten, bloß weil sie da sind.

Ich bin überzeugt, dass in den Kitas auch immer mal wieder „hausgemachter Stress" entsteht, wenn sie an alten Strukturen festhalten, diese nicht überdenken, kritisch reflektieren und ggf. verändern. Umso mehr möchte ich Fachkräfte motivieren und appellieren: Ihr dürft Dinge anders machen, ihr dürft und solltet sogar zum Wohle der Kinder in bestimmten Situationen anders handeln, wenn es sich als hilfreich darstellt. Man sollte nicht an Strukturen festhalten, bloß weil sie da sind.

Habe einen gesunden Egoismus, sorge für dich – im Sinne der Kinder, für die du da bist. Bleibe wendig in deinen Entscheidungen, sei kein Spielball der Abläufe und Strukturen.

Go for it!

Impuls

Von Kindern lernen

Kinder vereinen so viele wundervolle Eigenschaften, sie sind ungestüm, frei, laut, leise, frech, kreativ, herzlich, nachdenklich ... Und all das zusammen oder auch mal all das nicht. Sie laden uns dazu ein, die Welt aus ihren Augen zu sehen. Wenn wir uns darauf einlassen, sind wir unserem Glück selbst auch ein Stückchen näher.

Kitas dürfen anders sein:

- zukunftsbegeisternd
- neugierig
- innovativ
- herzlich
- entspannt
- Orte, an denen Zeit zu verbringen Spaß macht.

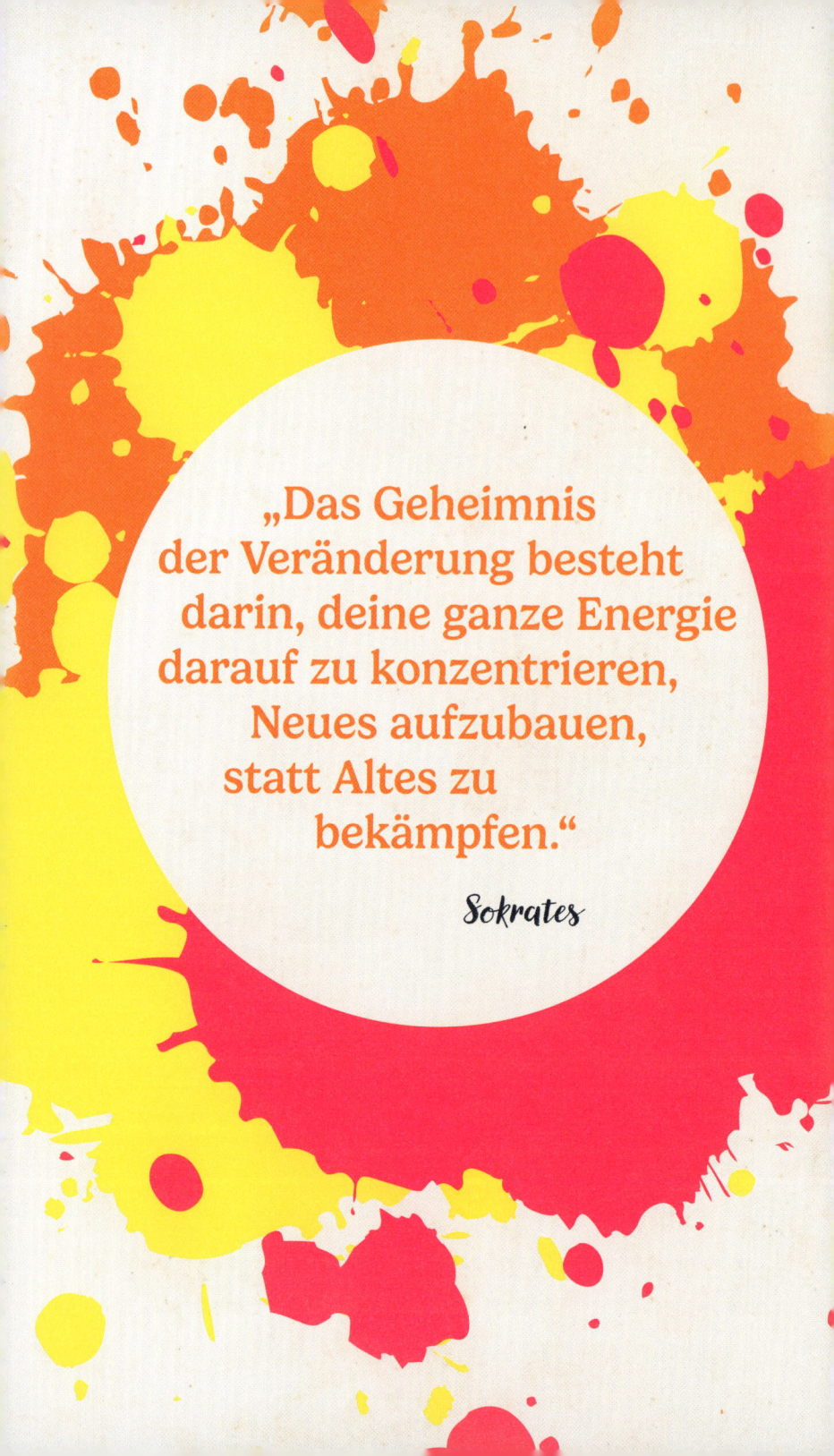

Impuls

Es ist nicht leicht, sich zu verändern. Dazu gehört eine Menge Mut. Dazu gehört auch das Wissen, dass wir unser Leben lang lernen und uns jeden Tag aufs Neue entscheiden dürfen, was wir gut finden und was nicht. Und wir dürfen uns verändern, unsere Meinung hinterfragen und unser Handeln gleich mit, wie auf einer wunderbaren Reise, auf der es viel zu entdecken gibt. Wir kehren nicht als gleicher Mensch zurück. Mit Kindern zusammen zu sein, sie in ihrer Einzigartigkeit kennenzulernen und ihre Bedürfnisse und Interessen zu verstehen, macht Lust, zu lernen. Von ihnen. Und vieles wieder zu entdecken, was in uns Erwachsenen vergraben liegt. Vielleicht ist es auch diese freche Lust am Leben, dieses Selbstverständnis, sein zu dürfen, und die Fähigkeit, das Jetzt wahrzunehmen, das uns begeistert.

Wir können entscheiden, ob wir gegen etwas angehen wollen oder die Chance nutzen, etwas Neues zu beginnen.

Klar sorge ich für mich

Von Selbstfürsorge und Grenzen setzen

von Hergen Sasse

Lebst du dein Leben oder wirst du gelebt? Unsere Umwelt macht uns in jedem Moment deutlich, wie wir zu sein haben. Da könnte man meinen, es sei gar nicht nötig, sich selbst kennenzulernen, denn die Ideale in den Medien geben unseren gesellschaftlichen Standard vor. Platz für unterschiedliche Meinungen wird immer seltener. Ohne uns selbst wirklich zu kennen, sind wir in der Lage, auszuführen und zu funktionieren. Wir erfüllen täglich Aufgaben für andere. Wenn wir dann doch einmal Zeit für uns finden, dann sind wir mit diesem Freiraum überfordert und versuchen uns abzulenken. Fernsehsendungen und soziale Medien lassen uns zu keiner Zeit allein. Wir brauchen uns nicht mit uns zu befassen, wir können uns permanent ablenken und konsumieren. Wir können mit dem Strom schwimmen und erhalten „Likes", wenn wir Sichtweisen und Fotos von uns teilen, die der Mehrheit gefallen.

> Alleine zu sein mit uns selbst scheint oft eine kaum auszuhaltende Herausforderung.

Wir suchen die Verbundenheit miteinander im Lob. In der Gleichheit. Alleine zu sein mit uns selbst scheint oft eine kaum auszuhaltende Herausforderung. Vielleicht, weil wir schmerzhaft eine Sehnsucht spüren? Ich glaube, es ist eine Sehnsucht nach dem eigenen Leben.

> *„Wenn wir unsere Bedürfnisse nicht ernst nehmen, tun es andere auch nicht."*
> » Marshall Rosenberg

Warum deine Grenzen wichtig sind

Unsere Bedürfnisse und Werte sind Teil unserer Grenzen, die es uns ermöglichen, für uns einzustehen. Lea Wedewardt und Kathrin Hohmann stellen fest, dass Grenzen dort beginnen, wo Bedürfnisse missachtet werden. Grenzen können körperlich und psychisch sein, wobei die körperlichen Grenzen leichter wahrnehmbar sind (Wedewardt & Hohmann 2021, S. 71 f.). Es ist absolut notwendig, die eigenen Grenzen zu wahren und sie nicht für andere zu übergehen. Der dänische Familientherapeut Jesper Juul weist darauf hin, dass er einige unserer persönlichen Grenzen für nicht erklärbar hält, nicht einmal für uns selbst (vgl. Juul 2013, S. 31). Und das ist okay!

Es wird deutlich, dass Grenzsetzungen eine unabdingbare Voraussetzung für ein gelingendes Miteinander sind. Grenzen zu setzen bedeutet, Orientierung, Sicherheit und Halt zu geben.

> Grenzen zu setzen bedeutet, Orientierung, Sicherheit und Halt zu geben.

Manchmal braucht es Mut, die eigenen Grenzen klar zu

kommunizieren. Positive Überzeugungen, wie z. B. „Ich bin es wert" können dabei helfen. Ich mache mich nicht kleiner als mein Gegenüber, sondern begegne dir und deinen Bedürfnissen mit der gleichen Achtung, wie ich mir selbst und meinen Bedürfnissen begegne. Grenzen benötigen Gleichwürdigkeit: „Wir beide sind es wert". Bedürfnisorientierte Arbeit mit Kindern ist nur möglich, wenn auch Erwachsene auf ihre Bedürfnisse im Miteinander achten. Hin und wieder kommunizieren wir Grenzen indirekt z. B. mit Vorwürfen und Anschuldigungen. Damit wir Grenzen so kommunizieren, dass sie keinen Abbruch im Miteinander darstellen, sondern Verbindung fördern, ist die Art und Weise unserer Kommunikation entscheidend.

Die eigenen Grenzen klar und zugleich respektvoll zu kommunizieren, scheint eine der größten Herausforderungen unserer Zeit. Das mag daran liegen, dass Grenzverletzungen immer auch mit unangenehmen Gefühlen einhergehen – von der Bedrohung oder Unsicherheit bis hin zur Verletzung (vgl. Focali 2011, S. 90). Wir sollten Grenzen immer kommunizieren und Grenzüberschreitungen stoppen.

> Die eigenen Grenzen klar und zugleich respektvoll zu kommunizieren, scheint eine der größten Herausforderungen unserer Zeit.

Der folgende Dialog (vgl. Sasse 2023, S. 30 f.) macht deutlich, dass ein „Nein" keinen Gesprächsabbruch darstellen muss, sondern einen empathischen und rücksichtsvollen Kontakt ermöglicht:

Person A: „Würdest du bitte heute in Gruppe 2 vertreten? Wir haben einen personellen Engpass."

Person B: „Nein, heute geht das leider nicht (Ehrlichkeit). Wir haben heute eine Eingewöhnung und mir ist es wichtig, in dieser Zeit anwesend zu sein. Ich sehe den personellen Engpass und dass du Unterstützung brauchst (Rücksichtnahme). Ich hätte eine weitere Idee, magst du sie hören?"

Ein Nein bedeutet keinen Kontaktabbruch, sondern die Möglichkeit, das Leben neu zu gestalten und schöner zu machen.

Wie bist du zu dir selbst?

Wir sind fürsorglich, empathisch, geduldig … mit anderen. Mit uns selbst gehen wir häufig anders um. Wir gehen über unsere Grenzen, machen uns für Fehler fertig, haben unzählige Erwartungen und Leistungsansprüche an uns und verfallen in Selbstzweifel, wenn wir diesen Erwartungen nicht gerecht werden. Ein Leitprinzip, das ich dir an dieser Stelle mitgeben möchte: Alles beginnt bei dir.

> Ohne Selbstregulation keine Ko-Regulation.
> Ohne Selbstempathie keine Empathie.
> Ohne Selbstfürsorge keine Fürsorge.
> Ohne Selbstachtung keine Achtung vor anderen.
> Ohne Selbstliebe keine Liebe.

Oft wollen wir, dass sich etwas oder jemand verändert. Darauf haben wir aber keinen direkten Einfluss. Einfluss haben wir jedoch zu jedem Moment auf unser eigenes Denken und Handeln – nach dem Leitsatz: „Nichts verändert sich, bis du dich veränderst, und auf einmal verändert sich alles."

Es beginnt also mit der Art und Weise, wie wir gelernt haben, mit uns selbst zu kommunizieren. Bleibe ich in der Selbstverurteilung gefangen oder bin ich bereit mir achtsam und selbst-empathisch zu begegnen?

Eine gute Möglichkeit, um die eigenen Gedanken zu unterbrechen, liegt in dem Moment, in dem wir unser Gefühl im Hier und Jetzt bewusst wahrnehmen.

Gefühle können eine Brücke sein, von den Gedanken zu den dahinterliegenden Bedürfnissen.

Ein selbst-empathischer Prozess könnte wie folgt aussehen:

Beobachte deine Gedanken: Welches Gefühl ist jetzt gerade präsent? Wo in deinem Körper fühlst du es?

Welches Bedürfnis ist gerade unerfüllt? Worum geht es dir gerade wirklich?

Was möchtest du jetzt konkret tun? Was wäre ein erster kleiner Schritt? Wer oder was könnte dir helfen?

Die Sache mit der Zeit

Unser Umgang mit Zeit wird im Alltag oft von den Rahmenbedingungen beeinflusst. Die Rahmenbedingungen selbst geben jedoch nicht vor, wie diese Zeit genutzt werden muss. Es sind die eigenen Gewohnheiten und Fähigkeiten, die zeitlichen und organisatorischen Möglichkeiten in diesem Rahmen zu erkennen. Die feste Überzeugung, dass es keine andere Möglichkeit gäbe, blockiert uns. Wir hören auf, nach Möglichkeiten zu suchen. Es ist vergleichbar mit Schularbeiten: Es gab meist eine Aufgabe und sobald eine Lösung gefunden wurde, war die Aufgabe erledigt. Wir waren „fertig" – oft in der Überzeugung, wir haben nun die (einzig) richtige Möglichkeit gefunden. Wir hörten auf, nach weiteren Lösungen zu suchen. Die Fähigkeit, Möglichkeiten zu suchen, ist abhängig von der eigenen Überzeugung, dass es immer mehrere Möglichkeiten gibt. Manchmal können wir einfach noch keine weitere Möglichkeit erkennen. Dieser Zustand bedeutet jedoch nicht, dass es keine weiteren Möglichkeiten gäbe. An dieser Stelle ist Kreativität gefragt. Zugegeben, unter Druck sind die wenigsten Menschen wirklich kreativ. Deshalb sollte die Suche nach Möglichkeiten innerhalb eines ruhigen und sicheren Rahmens stattfinden, in dem auch Zeit für diese Suche explizit eingeplant wird, beispielsweise als Thema innerhalb einer gemeinsamen

Teamsitzung. Zeit im Kita-Alltag zu reflektieren und nach Möglichkeiten zu suchen, um die sogenannten „Knallzeiten" zu reflektieren, ist Teil der professionellen pädagogischen Arbeit. Oft sind gestresste Übergangszeiten zwischen Alltagssituationen von vornherein zu knapp geplant, so dass hier der Eindruck entsteht, es stünde zu wenig Zeit zur Verfügung. An diesen Stellen geht es wieder um Reflexion und Möglichkeiten. Können die Übergänge zeitlich ausgedehnt oder im Ablauf anders organisiert werden?

> Zeit im Kita-Alltag zu reflektieren und nach Möglichkeiten zu suchen, um die sogenannten „Knallzeiten" zu reflektieren, ist Teil der professionellen pädagogischen Arbeit.

Schönes hat Vorrang

Die Amygdala, der Teil unseres Gehirns, der als innere Alarmanlage fungiert, reagiert blitzschnell auf bedrohlich wirkende Situationen. Im Alltag liegt somit der Fokus oft auf negativen und unangenehmen Dingen. Grundsätzlich ist diese Aufmerksamkeit gut, um unser Überleben zu sichern, dem Glück im Alltag steht diese Betrachtungsweise jedoch hin und wieder im Wege: Sie erschwert die Aufmerksamkeit auf die gelungenen und schönen Momente. Wahrzunehmen, was gut läuft, ist leider keine automatisierte Fähigkeit, sondern erfordert unsere bewusste Aufmerksamkeit.

Eine Anstrengung, die sich lohnt. Um es mit einem Prinzip aus dem SAM-Concept (Systemisches-Aggressions-Management) zu beschreiben:

Schönes hat Vorrang.

Die folgenden Fragen lohnen sich am Ende eines jeden Tages:

Was habe ich heute durch mein Handeln erreicht, auf das ich stolz bin?

....
....
....
....
....
....

Wann habe ich mich heute sicher oder einfach nur entspannt gefühlt?

....
....
....
....
....
....

Wofür bin ich heute dankbar?

Wo ist mir heute ein Wunder begegnet, wann habe ich Ehrfurcht gespürt?

Wem habe ich heute eine Freude gemacht?

(Langwara & Eilert 2021, S. 73)

Impuls

Jeder Tag ist ein Neustart.

Mit dem Achtsamkeitsrad entscheidest du, wo der Zeiger stehen darf: Worauf willst du einen Tag lang deine Aufmerksamkeit lenken?

Natürlich kann hieraus auch wunderbar ein Teamspiel entstehen, indem die Gruppe oder sogar die gesamte Kita das Augenmerk auf eine Idee richtet.

Oder anstelle eines Tages setzt ihr für eine Stunde, einen Vor-/Nachmittag oder eine ganze Woche einen Schwerpunkt.

Der Austausch im Anschluss lohnt sich.

Probier's mal aus. Fallen dir Dinge auf, die du vorher nicht wahrgenommen hast?

Das Achtsamkeitsrad

- Heute achte ich auf meine Pausen.
- Heute achte ich darauf, was mich wütend macht.
- Heute lasse ich mich über ... raschen.
- Heute achte ich darauf, was mir guttut.
- Heute achte ich darauf, die Stärken der anderen zu sehen.
- Heute achte ich darauf, wie oft ich lache.

Einen Gang zurückschalten

Warum Gelassenheit unbedingt in den Kita-Tag gehört

von Hannah Vasiliadis

„Wir haben keine Zeit, deshalb lasst uns langsam vorgehen."
» Ruth Cohn

Kannst du dich daran erinnern, dass viele Menschen zu Beginn der Corona-Pandemie und dem ersten Lockdown versucht haben, positive Seiten an diesem beängstigenden Zustand zu finden? Sie wurden sich schnell einig: Die positive Seite ist die Entschleunigung. Wenn es für uns eine Erleichterung bedeutet, zum Entschleunigen gezwungen zu werden, dann stellt sich doch unweigerlich die Frage: Könnten wir nicht freiwillig entscheiden, auch mal ein, zwei Tage „nichts" zu tun? Müssen wir wirklich dazu gezwungen werden? Sind Pausen, Zeit für Entspannung, Ruhe und Gelassenheit Luxusgüter, die uns im Alltag fehlen? Sind wir wirklich so rastlos und getrieben? Scheinbar schon.

Auf diese Weise entfernen wir uns immer mehr von den Fragen: Wer bin ich eigentlich, was kann ich und was macht mich glücklich? Oder andersherum gefragt: Was hält mich davon ab, glücklich zu sein?

Die Positive Psychologie ist die Wissenschaft vom gelingenden Leben und befasst sich genau mit diesen Fragen. Gerade in Zeiten, in denen die Ansprüche utopisch erscheinen und wir nicht wissen, wie wir das alles bewältigen sollen, lohnt es sich, die Perspektive zu wechseln. Woher kommen die Erwartungen? Warum müssen wir sie erfüllen? Und wem helfen wir damit? Dieser Blick „von außen" auf die Ereignisse in der Kita kann weichenstellend – und befreiend – sein.

Stress verstehen lernen

Was ist nun also das „gelingende" Leben? Erkenntnisse aus der Wissenschaft zeigen, dass es darum geht, die eigenen persönlichen Stärken einbringen zu können, erfüllt zu sein und den Sinn im Leben (und in der Kita) zu kennen. Stress können wir nicht fernhalten, aber ihn verstehen und mit ihm umgehen lernen, denn: „Je mehr Stressoren wir gleichzeitig erleben und je weniger wir uns dazwischen entspannen und uns etwas Gutes tun, desto mehr steigt die Wahrscheinlichkeit für Burnout, Depressionen, Ängste, Schlafstörungen und Co." (Hausler 2019, S. 13)

Ein Beispiel aus dem Kita-Tag: Dich erreicht morgens die Nachricht, dass deine Kollegin heute nicht kommt. Bereits vor dem Aufstehen spürst du, dass der Tag nicht gut wird. Du malst dir aus, wie es wird, mit dem Jahrespraktikanten die Gruppe allein zu betreuen, falls die Leitung keine Vertretung findet. Mit diesen Gedanken startest du in den Tag und machst dich auf den Weg in die Kita. Du fährst mit dem Auto. Jede Ampel ist rot. Du schaust auf die Uhr. Nun wirst du auch noch zu spät kommen. Dein Handy klingelt. Du siehst aus den Augenwinkeln, dass es deine Leitung ist. Du kannst aber nicht antworten. Sie ruft auf deinem Weg zur Arbeit noch dreimal an. Du drückst aufs Gaspedal und versuchst, Zeit wiedergutzumachen. Als du auf den Parkplatz fährst, übersiehst du fast den Vater mit dem Kinderwagen, der gerade auf die Straße läuft. Du bremst mit hochrotem Kopf und hebst die Hand, um dich zu entschuldigen. Du rollst an, lenkst dein Auto auf einen freien Parkplatz, steigst aus und beeilst dich, in die Gruppe zu kommen. An der Eingangstür merkst du, dass du deinen Schlüssel im Auto gelassen hast... Als du in der Gruppe ankommst, wartet deine Leitung auf dich. Du hast gar nicht die Möglichkeit, durchzuatmen, denn die ersten Kinder treffen ein und die Eltern haben Fragen zum anstehenden Kita-Fest. – Wie fühlst du dich? An einem solchen Tag ist es wichtig, die einzelnen Stressoren (Stressfaktoren) wahrzunehmen, kurze Pausen einzulegen, um durchzuatmen und deinen gestiegenen Stresspegel wieder sinken zu lassen. Denn Stress sorgt dafür, dass wir nicht rational denken und handeln, sondern emotional. Das heißt, wir befinden uns vor einem großen Säbelzahntiger und müssen entscheiden, ob wir fliehen oder kämpfen. Der Körper schaltet bei Stress auf „Autopilot", der Herzschlag wird schneller, es wird mehr Adrenalin ausgestoßen, damit wir schnellstmöglich auf die Gefahr reagieren können. Nun steht allerdings kein Säbelzahntiger vor uns, sondern vielleicht eine aufgebrachte Leitung, ein unglücklicher Kollege oder eine kritische Mutter, die uns herausfordern. Und was uns fehlt, ist ganz klar der Abbau des Stresses. Das gelingt durch die Flucht vor oder den Kampf mit dem

> **Wenn du deine Stressoren kennst und einordnen kannst, kannst du herausfinden, was dir guttut und hilft.**

Säbelzahntiger sofort, aber wir haben uns nicht angewöhnt, um das Kitagebäude zu rennen oder fest in einen Sandsack zu boxen, um den Stress abzubauen. Das heißt, mit jedem weiteren Stressfaktor schießt unser Stresslevel einfach höher und höher. Wenn du deine Stressoren kennst und einordnen kannst, kannst du herausfinden, was dir guttut und hilft. Vielleicht ist es eine schnelle Übung aus der Progressiven Muskelrelaxation, wenn du die Hände fest zur Faust ballst, einige Sekunden hältst und wieder entspannst. Oder du achtest auf deinen Atem und beruhigst dich durch das bewusste Ein- und Ausatmen. Vielleicht kannst du direkt in die Bewegung übergehen, beispielsweise durch Turnen oder Tanzen mit den Kindern. Alles, was dir hilft, ist richtig – und in diesem Augenblick wichtig, damit du gesund bleibst.

Dinge gerne tun

Stress mindert auch unser Empfinden von Freude, ein weiterer wichtiger Faktor aus der Positiven Psychologie: Dinge gerne zu tun. Wir tendieren dazu, freudige Momente auf wenige Anlässe zu beschränken.

> Wir tendieren dazu, freudige Momente auf wenige Anlässe zu beschränken.

An einem Baby ist so wunderbar zu sehen, welche Freude es daran hat, die Welt zu entdecken und zu lernen: Ein 7-monatiges Baby sitzt auf der Krabbeldecke, schaut auf seine Beine, klatscht mit der Hand darauf und schaut anschließend seine Hand an. Das wiederholt es unzählige Male und lacht dabei. Es hat weitere Teile seines Körpers und dessen Funktionen kennengelernt und freut sich darüber.

Wann hast du zuletzt diese Freude am Lernen gespürt?

Häufig wird Kindern die Lernfreude spätestens in der Schule durch uninteressante Aufgaben, Notendruck und Fremdbestimmung genommen. Aber auch in der Kita werden diese schulischen Erwartungen immer früher an uns herangetragen: beispielsweise durch die Ansprüche, was die Kinder wann können müssen, was sie im Portfolio vorweisen sollen oder wie viele Englischvokabeln sie bereits kennen.

Kennst du Beppo, den Straßenkehrer aus Michael Endes „Momo"? Der erledigt seine Arbeit folgendermaßen: Schritt, Atemzug, Besenstrich. Schritt, Atemzug, Besenstrich. So gerät er nicht außer Atem, hat Freude und zwischendurch außerdem immer wieder die Zeit, um nachzudenken. Er lässt sich nicht hetzen, sieht nur das, was gerade wichtig ist, und ehe er sich versieht, ist die gesamte Arbeit getan, ohne dass sie sich wie Arbeit anfühlt.

Wichtige Begriffe, die du dir immer wieder ins Gedächtnis rufen kannst, sind: Geduld und Vertrauen.

Es muss nicht alles gleichzeitig passieren, es muss nicht alles jetzt passieren, es kommt alles dann dran, wenn die Zeit dafür da ist. Verringere den Druck, mache weniger Angebote und konzentriere dich auf das, was gerade ist: das Hier und Jetzt. Und: Habe Vertrauen in die Kinder!

> *Kinder werden das, was sie werden – wenn wir ihnen die Zeit dafür geben.*

Und das heißt: weg vom Erziehen und hin zum Begleiten. Eine begleitende Person geht vermehrt in die Beobachtung, reagiert auf das, was sie sieht, und bietet ihre Unterstützung an, ganz nach dem Motto „so wenig wie möglich, so viel wie nötig." Man könnte sagen, dass Fachkräfte sich in Kitas als Impulsnehmer:innen und Impulsgeber:innen verstehen dürfen, die erkennen, welche Impulse in Form von Interessen, Neigungen und Aktivitäten vom Kind ausgehen und wann es sinnvoll ist, selbst einen Impuls in Form von konkreten Angeboten zu setzen.

Kinder zu beobachten, auf ihre Impulse zu achten und nur dann einzugreifen, wenn Kinder wirklich darauf angewiesen sind, bedeutet nämlich auch, mal auszuhalten, sich zurückzunehmen und beispielsweise „nur" auf einem Stuhl zu sitzen und zu schauen. Schnell rückt dann das Klischee der kaffeetrinkenden Erzieherin ins Bewusstsein, von dem wir uns distanzieren möchten und deshalb glauben, permanent etwas „tun" zu müssen. Doch etwas tun und das „Richtige" tun sind hier zwei unterschiedliche Dinge.

> Kinder zu beobachten, auf ihre Impulse zu achten und nur dann einzugreifen, wenn Kinder wirklich darauf angewiesen sind, bedeutet nämlich auch, mal auszuhalten, sich zurückzunehmen und beispielsweise „nur" auf einem Stuhl zu sitzen und zu schauen.

Den Druck rausnehmen

Gute pädagogische Arbeit bedeutet nicht höher, schneller, weiter, sondern aufmerksamer, achtsamer und genauer. Du bist keine bessere Fachkraft, wenn du jeden Tag die tollsten und kreativsten Angebote bereitstellst, wenn Kinder gedrängt werden, daran teilzuhaben, und du im schlimmsten Fall enttäuscht bist, wenn sie sich mit allen ihnen zur Verfügung stehenden Mitteln dagegen wehren. Der Druck, die Kinder zu fördern, ihnen etwas beizubringen, der auf pädagogischem Personal im Elementarbereich lastet, kommt von verschiedenen Seiten.

Die Schulen erwarten von frühkindlicher Bildung verstärkt das Training von Kompetenzen, die lange Zeit erst in der Schule gelernt wurden, wie etwa das korrekte Halten eines Stifts oder erste Kenntnisse über Zahlen und Buchstaben. Hier ist es die Aufgabe der Fachkräfte, in Kooperationsgesprächen immer wieder als Puffer zwischen den Erwartungen der Schule und den Kindern zu fungieren und den Druck nicht an die Kinder weiterzugeben. Dasselbe Abfangen von Erwartungen ist gefragt, wenn die Eltern ankreiden, dass in diesem Jahr keine Muttertagsgeschenke gebastelt wurden und in der Nachbargruppe im Morgenkreis auf Englisch gesungen wird. Es ist die Aufgabe der Pädagog:innen, mit der Elternschaft ins Gespräch zu gehen und zu erläutern, welchen Vorteil Freispiel hat, inwieweit Kinder für ihr gesamtes Leben von Selbstbestimmung profitieren und welche Folgen es haben kann, wenn Kinder andauerndem Druck ausgesetzt werden.

Die Welt der Kinder anders gestalten

Dass wir den Erwartungen der Gesellschaft, der Schulen und Eltern entsprechen wollen, liegt zumeist daran, dass wir ebenso bereits als Kinder gelernt haben, Erwartungen erfüllen zu müssen. Wir selbst haben oft Schwierigkeiten damit, einen Gang runterzufahren und Dinge langsamer anzugehen, weil auch wir den Leistungsgedanken in unserem Bildungssystem internalisiert haben und alles tun möchten, um nicht faul oder untätig zu wirken.

Wir können diesen Kreislauf nur unterbrechen, wenn wir die Welt der Kinder anders gestalten.

Das heißt, dass wir uns in Kitas gemeinsam mit ihnen auf das Wesentliche besinnen sollten: auf Freude, Spiel,

Beziehung, Selbstbestimmung und Entdeckungslust – alles, was wir selbst so lieben, aber oft aus den Augen verlieren.

Die Kinder erinnern uns daran!

> Das heißt, dass wir uns in Kitas gemeinsam mit ihnen auf das Wesentliche besinnen sollten: auf Freude, Spiel, Beziehung, Selbstbestimmung und Entdeckungslust – alles, was wir selbst so lieben, aber oft aus den Augen verlieren.

Fragen zur Reflexion:

Auf welche Weise bringe ich meine Stärken im Team ein?

....
....
....
....
....
....

Welche Arbeitsbedingungen tun mir gut/welche sind hinderlich?

....
....
....
....
....

Was hilft mir, wenn ich gestresst bin?

....
....
....
....
....

Wie kann ich den Kita-Tag entschleunigen?

....
....
....
....
....
....

Impuls

Kitas als glückliche Orte

Das Lachen der Fachkraft ist so laut und herzlich, dass es nicht nur am anderen Ende des Flures zu hören, sondern so ansteckend ist, dass die Kolleg:innen gar nicht anders können, als **mitzulachen.** Warum weiß eigentlich niemand so genau. Die Kinder schauen zunächst perplex, steigen dann aber ebenfalls mit ein. Eine Mutter, die vor der Tür steht, um ihre Tochter abzuholen, ist **überrascht:** Wann hat sie zuletzt eine Fachkraft lachen hören?

Lachen tut gut und steckt an. Kinder lachen bis zu 400 Mal am Tag. Erwachsene kommen auf 15 Mal. Beim Lachen werden so viele Muskeln aktiviert, dass es sich schon alleine dafür lohnt, täglich viele **Lachanlässe** zu finden. Doch was sind weitere Gründe?

Kinder sind von Anfang an **neugierig,** sie finden unzählige Anlässe, um zu lachen, und sprühen vor Freude. Als Fachkraft haben wir die Möglichkeit, miteinzusteigen und uns davon **begeistern** und anstecken zu lassen. Bedeutet Bildung und Erziehung nicht auch, sich auf das Kind einzulassen, in seine Welt einzutauchen und ja, sich mit ihm zu freuen?

Lachen ist nicht nur gesund, sondern macht auch **glücklich.** Warum das so ist? Es setzt Glückshormone wie Serotonin frei. Wenn wir uns gestresst und dadurch angespannt fühlen, ist Lachen befreiend. Und nicht nur das: Lachen wirkt sich positiv auf unser **Wohlbefinden** aus.

Wer lacht, kann nicht schimpfen. Wenn Kinder Quatsch machen, wollen wir sie ganz selbstverständlich ermahnen. Mika zieht Josys Socken an, Ela patscht in der Farbe rum und macht eine riesengroße **Sauerei** und Fiete versucht, einhändig seine Flasche zu öffnen …

Welche **Freude** empfinden die Kinder dabei, das auszuprobieren? Vielleicht berichten sie dir ganz stolz davon oder wollen dir das Ergebnis präsentieren? Was wäre, wenn du dich in die Kinder hineinversetzt und ihre **Begeisterung** spürst – auch wenn du bereits zwei Schritte vorausdenkst und weißt, dass Ela später nicht alles wieder aufwischen wird.

Wärst du gerne Kind in einer Gruppe, in der das (Mit-)Lachen großgeschrieben wird? Würde es dir selbst nicht Spaß machen, wenn du dich **ausprobieren** kannst und die Fachkraft dich dabei unterstützt – oder selbst einmal zum Blödsinnmachen einlädt?

Wann bist du zuletzt voller Freude in die Pfütze gesprungen – und das, obwohl es geregnet hat? Wann war dein letzter **Spaß-Moment?** Vor fünf Minuten? Super! Oder schon etwas länger her? Macht nichts. Du kannst es jederzeit nachholen!

Die Kita ist ein großer Abenteuerspielplatz für Kinder, warum nicht auch für uns Erwachsene? Hast du heute schon nach den Piratenspuren im Sand gesucht? Eine Höhle gebaut, um vor dem Unwetter Schutz zu finden? Auf dem **fliegenden Teppich** Platz genommen, um ins Land der Einhörner zu reisen? Lass deiner Fantasie freien Lauf. Und nimm die Kinder mit auf diese spannende **Reise.** Lass dich von ihnen begeistern und anstecken, motivieren und anregen.

Wäre das nicht ein Ziel?

Kitas als **glückliche Orte** für Kinder und Erwachsene – mit einem großen Schild am Eingang:

Hier wird gelacht.

Fragen zur Reflexion:

- **Wann hast du zuletzt gelacht?**

  ....
  ....
  ....
  ....

- **Womit können dich die Kinder begeistern?**

  ....
  ....
  ....
  ....

- **Wie wichtig ist euch Lachen in der Kita?**

  ....
  ....
  ....

Das Jetzt zählt

Kinder haben das Recht auf **Kindheit,** auf das Jetzt, in dem sie leben. Sie machen sich **keine Gedanken** über ihre Berufswahl oder ihre Zukunftschancen und spüren nicht den Druck, ins gesellschaftliche Korsett zu passen. Darum geht es ihnen nicht.

Und diese Unbeschwertheit ist unbezahlbar.

Wenn ich einen Wunsch frei hätte ... (oder mehrere)

Kitas als sichere Orte für Kinder

von Fea Finger

Ich wünsche mir Kinder, deren Kindheit geprägt ist von Freude, Wohlwollen und einem ständigen Grundgefühl, dass alles in Ordnung ist. Dafür brauchen sie ein Umfeld, das freudig, wohlwollend und in Ordnung ist. Orte für Kinder sollten Sicherheit bieten und Möglichkeiten, sich selbst auszuprobieren, ohne (vor-)verurteilt zu werden. Das ist leider noch nicht überall der Fall und deshalb freue ich mich, dass du dieses Buch ausgewählt hast. Gemeinsam können wir viel bewegen, allein ist es schwerer. Vielleicht findest du hier Gedanken, die dir genau in diesem Augenblick in deiner Einrichtung helfen.

Die Bedeutung der außerfamiliären Bildung, Betreuung und Erziehung hat in den letzten Jahren deutlich zugenommen. Das gilt sowohl für die Kindheit im Allgemeinen als auch für das Kind als Individuum. Und damit sind auch die Ansprüche gestiegen, die an Fachkräfte gestellt werden. Vor dem Hintergrund der Bildungspläne, verschiedenen Entwicklungsstufen und Bedürfnissen ist für das Fachpersonal viel Wissen nötig, denn diese ersten Lebensjahre beeinflussen das weitere Leben der Kinder. Studien zeigen, dass es Zusammenhänge gibt zwischen der Qualität der institutionellen Betreuung, der täglichen Dauer des Aufenthalts und der persönlichen Entwicklung der Kinder. Die große Altersspanne der Kinder, aber auch die hohe Stundenanzahl der Betreuung bedeutet viel Verantwortung für das Fachpersonal. Noch gibt es zu wenige wirklich gute Kitas (vgl. Laewen & Andres 2022, S. 35–55). Besonders die Qualität der pädagogischen Interaktionen zwischen Fachkräften und Kindern ist davon betroffen.

> Studien zeigen, dass es Zusammenhänge gibt zwischen der Qualität der institutionellen Betreuung, der täglichen Dauer des Aufenthalts und der persönlichen Entwicklung der Kinder.

Fehlverhalten ansprechen

Bestimmt hast du die Berichte über Gewalt in Kitas mitbekommen und vielleicht auch selbst vor Ort erlebt. Es gibt unterschiedliche Gründe, warum es zu Fehlverhalten der pädagogischen Fachkräfte gegenüber Kindern kommt. Häufig sind es Formen seelischer Gewalt wie Demütigungen, Entwertungen oder Kränkungen. Dies geschieht bewusst oder unbewusst. Dabei ist nicht jedes pädagogische Fehlverhalten als stark verletzend einzuordnen und nicht alle Fachkräfte handeln im gleichen Maß destruktiv. Einige sind sich ihrer Handlungen sehr bewusst, während andere sich verletzend verhalten, ohne es zu merken (vgl. Tellisch & Prengel 2022). Vielleicht hast du Kolleg:innen bei einem Fehlverhalten beobachtet und bist dir nicht sicher, wie du damit umgehen sollst. Was

> Einige sind sich ihrer Handlungen sehr bewusst, während andere sich verletzend verhalten, ohne es zu merken (vgl. Tellisch & Prengel 2022).

kannst du sagen? Was wird das für Folgen haben? Ich verstehe die Gedanken und doch will ich dich ermutigen, Fehlverhalten nicht zu akzeptieren. Du bist die Stimme der Kinder, wenn sie sich nicht selbst ausdrücken können. Und genau genommen sogar dann, wenn sie es bereits können, weil sie gar nicht wissen, dass das Verhalten der Fachkraft falsch ist. Hier kommt dir eine wichtige Aufgabe zu: hinschauen und helfen. Du kannst immer eine andere Fachkraft auf ihr Verhalten ansprechen und zu deiner Leitung gehen, um deine Beobachtungen zu schildern. Auch dann, wenn du mitbekommst, dass Kinder angeschrien werden oder ihnen mit Sarkasmus begegnet wird, den sie noch nicht verstehen. Immer wieder werden auch negative Aussagen über Kinder getroffen, während diese selbst oder andere Kinder im Raum anwesend sind. Ebenso kommt es vor, dass Kinder auf Grund eines von der Fachkraft nicht gewünschten Verhaltens ignoriert oder von der Gruppe isoliert werden.

> Du kannst immer eine andere Fachkraft auf ihr Verhalten ansprechen und zu deiner Leitung gehen, um deine Beobachtungen zu schildern.

Es liegt nicht nur an den Rahmenbedingungen

Warum passiert das? Wie kommt es dazu? In der öffentlichen und fachlichen Diskussion werden immer wieder strukturelle Rahmenbedingungen wie Personalmangel und zu große Gruppen als Grund genannt (vgl. Laewen & Andres 2022, S. 15–17). Gleichzeitig belegen Forschungen, dass pädagogische Fachkräfte sich unter gleichen Arbeitsbedingungen unterschiedlich verhalten. Demnach können die angeführten Rahmenbedingungen nicht ausschließlich die

Ursache für das Fehlverhalten in pädagogischen Interaktionen sein (vgl. Tellisch & Prengel 2022). Ein weiterer Grund kann also darin liegen, dass Themen wie Ethik in der Pädagogik, Kinderrechte und ihre Beachtung sowie Partizipation und ihre Umsetzung in der Ausbildung pädagogischer Fachkräfte kaum vorhanden sind und so eine Orientierung erschwert wird.

Das Recht auf gewaltfreie Erziehung

Verletzende Verhaltensweisen von pädagogischen Fachkräften sind immer auch Ausdruck von Adultismus (vgl. ebd.). Adultismus spiegelt das Machtgefälle zwischen Erwachsenen und Kindern: Erwachsene entscheiden über die Bedürfnisse der Kinder, ohne sie miteinzubeziehen. Sie tun das aus der Überzeugung heraus, genau das tun zu dürfen und damit im Recht zu sein. Erwachsene profitieren bewusst oder unbewusst von ihrer Machtposition Kindern gegenüber (vgl. Winkelmann 2022.). Adultismus legitimiert manches Verhalten auf Grund der Verantwortung, die Erwachsene für Kinder tragen. Das gilt auch für Fachkräfte in pädagogischen Kontexten. Gleichzeitig gibt es Verhaltensweisen, die niemals legitimiert werden dürfen. Dazu zählen die bereits genannten Formen seelischer Gewalt. Hier lässt sich ein Bogen zu den Kinderrechten spannen, ganz konkret zum Recht auf gewaltfreie Erziehung. Dieses Recht wird derzeit an zu vielen Stellen im Kita-Alltag verletzt, ohne dass die verantwortlichen Fachkräfte Rechenschaft über ihr Verhalten ablegen müssen oder sich überhaupt darüber bewusst sind, dass sie es verletzen. Du kannst das ändern, ihr im Team könnt das gemeinsam ändern. Auch wenn es nur viele kleine Schritte sind, die ihr

> Auch wenn es nur viele kleine Schritte sind, die ihr einleiten könnt, bewirken sie etwas Großes: nämlich den Schutz der Kinder.

einleiten könnt, bewirken sie etwas Großes: nämlich den Schutz der Kinder. Deshalb ist es gut, wenn du das Grundgesetz und die Arten der Gewalt sowie die verschiedenen Diskriminierungsformen kennst und reflektieren kannst.

Gemeinsam in der Verantwortung

Nur so können gewaltvolle Handlungen gegen Kinder weniger werden und Kitas tatsächlich gewaltfreie Orte sein. Dazu brauchen diese sowie die Themen Kinderrechte, pädagogische Ethik und ihre Umsetzung viel mehr Aufmerksamkeit innerhalb von Studiengängen und Ausbildungen. Entsprechende Fortbildungen zu organisieren und die Verantwortung für die Präsenz der Themen sind nicht zuletzt auch Aufgaben der Leitungen und Träger. Denn nur wenn wir darüber sprechen, wird überhaupt erst ein Bewusstsein dafür geschaffen, dass Weiterbildung notwendig ist. Auch Kinderrechte und konkrete Umsetzungsmöglichkeiten müssen öfter thematisiert werden. Ein guter Anfang ist aus meiner Sicht bereits mit der Erstellung von Kinderschutzkonzepten gemacht. Dafür müssen wir nämlich unsere eigenen Erfahrungen mit Adultismus kritisch beleuchten und daraus Rückschlüsse ziehen, wie wir mit Kindern umgehen wollen. Kinder sollen spüren, dass sie bereits etwas wissen und können. Damit werden Sätze wie „Kinder müssen machen, was Erwachsene sagen", „Kinder wissen sowieso nicht, was gut für sie ist" und ähnliche Aussagen hoffentlich bald in keiner Kita mehr zu hören sein.

Und hier noch eine Zusammenfassung meiner **Wünsch-mir-was-Liste:**

Ich wünsche mir Kitas, in denen es selbstverständlich ist, dass sich Kinder in einem ganz eigenen Lebensalter befinden, ihre eigenen Erfahrungen gemacht haben und ständig neue machen. Entwicklungen werden nicht bewertet und es müssen daraus keine Schlüsse für die individuellen Lebenswege der Kinder gezogen werden. Kinder können sich zugehörig und gut fühlen, weil ihnen nicht mehr mit Beurteilungen, aber dafür mit sehr viel Wohlwollen und Zugewandtheit begegnet wird. Fachkräfte sind dann wirkliche Bezugspersonen für die Kinder und bauen tragfähige Beziehungen zu ihnen auf. Dies trägt wiederum zum Sicherheitsgefühl der Kinder bei.

Ich wünsche mir pädagogische Fachkräfte, die mit Humor und Freude ihre Zeit mit den Kindern verbringen.

Ich wünsche mir pädagogische Fachkräfte, die mit Humor und Freude ihre Zeit mit den Kindern verbringen. Fachkräfte, die sich darüber freuen, wie viel Lernen und Wachsen möglich ist, wenn man Kinder einfach tun lässt und sich an den Bedürfnissen der Menschen mehr orientiert als an einem ausgedachten Tagesablauf. Es wird dazu beitragen, dass Kinder in der Zukunft genau die richtigen Dinge zu der für sie genau richtigen Zeit lernen mit wohlwollender und unterstützender Begleitung der Fachkräfte um sie herum. Kinderrechte wie Partizipation und gewaltfreie Erziehung können und müssen in der Zukunft Begriffe sein, die wirklich mit Inhalten gefüllt sind und im Alltag umgesetzt werden. Diese Art der Arbeit macht unser Berufsfeld so spannend und stellt uns vor immer neue Herausforderungen.

Ich wünsche mir Fachkräfte, die eigene negative Erfahrungen und Urteile zurücknehmen, um den Kindern eine freie Entfaltung zu ermöglichen. Und da Veränderung immer zuerst bei uns selbst beginnt, können wir uns zur eigenen Reflexion immer folgende Frage stellen:

„Würde ich so mit einem erwachsenen Gegenüber auch umgehen?"

Wenn die Antwort ein klares „Ja" ist, ist die Erfüllung meines und vielleicht auch deines Wunsches nicht mehr so weit. Was für ein schöner Gedanke!

Impuls

Wie wäre es, wenn wir Kindern von Anfang an vermitteln, dass wir ihnen vertrauen.

Mit Sätzen wie:

- „Lass dir **Zeit.**"
- „Mach es so, wie du **willst.**"
- „Du kannst auch **außerhalb der Linien** malen."
- „**Spiel ruhig** fertig. Wir warten auf dich."
- „Natürlich darfst du **traurig** sein."
- „Sag **Nein,** wenn es dir nicht gefällt."
- „Du hast das **Recht,** mitzubestimmen."
- „Ich würde gerne deine **Meinung** dazu hören."

Mit Kindern auf Augenhöhe

Plädoyer für eine Kita(r)evolution

von Laura Henriette Grimm

Spätestens an dieser Stelle des Buches ist klar: Eine Kita(r)evolution ist nicht nur dringend nötig, sondern der einzige Weg, um eine Bildungswelt zu erschaffen, in der Kinder, ihre Familien und wir Fachkräfte wieder glücklich sein können. Denn verändern wird sich unsere Welt weiterhin jeden einzelnen Tag und somit natürlich auch unsere Bildungswelt. Unsere sozialen Einrichtungen unterliegen einem ständigen Wandel, egal ob es von den Menschen vor Ort gewollt ist oder nicht. Diese Veränderung wird kaum wahrgenommen und ist meist durch gesellschaftliche und politische Entscheidungen geprägt. Eine gewisse Bewegung innerhalb einer Kita ist also ein ganz normaler Zustand und hat nichts damit zu tun, wovon in diesem Buch die Rede ist: eine (R)evolution unserer Kitas.

Eine Kita(r)evolution ist die bewusste, fundamentale und herzvolle Weiterentwicklung einer Einrichtung durch die Menschen vor Ort. Nicht nur die pädagogischen Fachkräfte begeben sich auf diesen Weg. Die Kinder, die Eltern, die Haushaltshil-

> Eine Kita(r)evolution ist die bewusste, fundamentale und herzvolle Weiterentwicklung einer Einrichtung durch die Menschen vor Ort.

fen, die Hausmeister:innen, die Kooperationspartner:innen und alle weiteren Akteurinnen und Akteure sind Teil dieser Reise. Sie kennen die Vision, sie entscheiden aktiv mit und tragen ihren Teil dazu bei. Die Vision ist größer als jede einzelne Person in diesem Prozess, denn es geht nicht darum, sich selbst zu profilieren, sondern um die Sache selbst: um eine Bildungswelt, in der Kinder, Familien und Fachkräfte wieder leuchten können.

Es geht darum, alles zu hinterfragen und ein Fundament zu erschaffen, auf dem Kinder und ihre Familien wachsen und sie selbst sein können, sich richtig fühlen und ihren eigenen Weg finden.

Es geht darum, füreinander da zu sein und als Team zusammenzuarbeiten, damit die gute Laune und Pausen für die Seele nicht zu kurz kommen.

Es geht darum, gemeinsam das Beste zu geben, um eine Gesellschaft zu stärken, die wertschätzend und friedvoll miteinander – und mit unserem Planeten – umgeht.

Und es geht mit Sicherheit auch ein Stück weit darum, wieder zu sich selbst zu finden.

Wenn wir an Grenzen stoßen

> Die Kita(r)evolution ist kein Spaziergang und wird jede und jeden von uns Fachkräften fordern.

Die Kita(r)evolution ist kein Spaziergang und wird jede und jeden von uns Fachkräften fordern. Unsere Wege werden steinig sein. Wir werden an Grenzen stoßen, von deren Existenz wir bis dahin gar nichts wussten. Es werden Tränen fließen, während wir darüber nachdenken, aufzugeben. Und wir werden uns immer wieder fragen, warum wir nicht einen Beruf gewählt haben, den wir nach Feierabend einfach mit dem Zuschließen der Bürotür hinter uns lassen können.

In diesen Augenblicken darfst du dich an die schönen und faszinierenden Dinge erinnern, die wir Menschen bereits erschaffen haben, an die Momente, in denen ganze Generationen sich einander verbunden fühlen, und an das Lächeln eines Kindes, das uns allen beweist, wie viel Gutes doch in dieser Welt steckt. Und natürlich darfst du dich an die vielen kleinen Schritte erinnern, die du selbst und neben dir tausende von Fachkräften in unserer Bildungswelt täglich gehen. Rufe dir die kleinen Besonderheiten deines Berufes ins Gedächtnis und erinnere dich damit an dein „Warum".

Denke daran, wie dich die Kinder morgens begrüßen, wenn sie dich ein ganzes Wochenende nicht gesehen haben.

Denke an die Dankbarkeit, die Eltern verspüren, wenn du ihnen morgens dabei hilfst, den Abschied etwas leichter zu machen.

Denke an den Moment, in dem du über dich selbst schmunzeln musst, weil du tatsächlich dachtest, es könnte mal ein ganz entspannter Tag werden und dann natürlich alles anders kam.

Denke an all die Geschichten, die du nur deinem Team erzählen kannst, weil sie ansonsten sowieso niemand glauben würde. Denn es wird der Tag kommen, an dem ihr darüber lachen könnt.

Und denke immer daran: Jeder schwierige Tag, jeder Fehler, jede Uneinigkeit im Team, jede Träne bringen dich dem Moment näher, an dem du auf deine Einrichtung blickst und weißt, sie ist ein Leuchtturm für die Bildungswelt und du hast deinen Teil dazu beigetragen. Andere Fachkräfte werden dann ebenfalls zu die-

> Jeder schwierige Tag, jeder Fehler, jede Uneinigkeit im Team, jede Träne bringen dich dem Moment näher, an dem du auf deine Einrichtung blickst und weißt, sie ist ein Leuchtturm für die Bildungswelt und du hast deinen Teil dazu beigetragen.

sem Leuchtturm aufsehen und er schenkt ihnen Kraft und Hoffnung auf ihrem Weg.

An dieser Aufgabe wachsen

Wenn wir ganz ehrlich sind, können wir froh sein, dass wir vor so vielen Herausforderungen stehen und es in unserer Bildungswelt noch so viel zu tun gibt. Denn was würden wir tun, wenn unsere Welt bereits perfekt wäre? Jeden Morgen in unsere Einrichtung gehen und unseren Job machen? Ohne neue Wege, die wir gehen dürfen, und ohne pädagogische Herausforderungen, die uns die Möglichkeit geben zu wachsen?

Natürlich wäre es schön, an dem einen oder anderen Tag einfach seinen Job machen zu können und keine 20 Überraschungen ausbügeln zu müssen. Trotzdem geht mir ein Gedanke nicht aus dem Kopf: Jede Zeit bringt ihre Herausforderungen mit sich und wenn unsere Herausforderung die Veränderung der Bildungswelt ist, dann haben wir doch ein gutes Los gezogen. Was gibt es Schöneres, als täglich dafür zu kämpfen, dass die Kinder und Jugendlichen unserer Welt ein bisschen mehr gehört werden, ein bisschen mehr lächeln, ein bisschen glücklicher sind. Denn für unsere Kinder ist das Beste gerade gut genug. Und wenn ich das Beste sage, spreche ich von dir!

> Was gibt es Schöneres, als täglich dafür zu kämpfen, dass die Kinder und Jugendlichen unserer Welt ein bisschen mehr gehört werden, ein bisschen mehr lächeln, ein bisschen glücklicher sind. Denn für unsere Kinder ist das Beste gerade gut genug. Und wenn ich das Beste sage, spreche ich von dir!

Lass uns aufstehen und für eine Kita(r)evolution losgehen. Gemeinsam. Denn gemeinsam haben wir mehr Mut, mehr Kraft und mehr Wissen, um unsere Ziele zu erreichen. Es gibt einen positiven Nebeneffekt, wenn wir uns mit so vielen Menschen wie möglich zusammenschließen, der ganz besonders wichtig ist: Du kannst dir sicher sein, dass du nicht allein bist und jetzt gerade ganz viele Exemplare dieses Buches auf dem Weg zu Menschen sind, die an einem ganz ähnlichen Punkt stehen wie du und sich dabei einsam fühlen. Einzelne Exemplare der Kita(r)evolution werden vielleicht genau in diesem Moment gelesen und wieder andere warten im Bücherregal darauf, erneut aufgeschlagen zu werden, wenn die Zeiten besonders schwierig sind und ein kleiner Motivationsschub guttun könnte.

Also geh raus, immer in dem Wissen und mit dem tiefen Vertrauen, dass du den Unterschied machst, auf den es ankommt!

Danke, dass du da bist.

Impuls

- gerade sitzen
- lieb sein
- leise bleiben
- den Teller leer essen
- aufpassen
- warten
- das Datum kennen
- die Schuhe binden
- sofort einschlafen
- den Löffel halten
- das Brot schmieren
- die Puppe zur Seite legen
- Danke sagen
- nicht dreckig werden
- keinen Quatsch machen

Sind das wirklich die Dinge, die wir von Kindern verlangen wollen?

Erwartungen

Die Bedeutung kleiner Schritte

10 Botschaften der Kita(r)evolution

1. Kinder sind dynamisch, bunt, quirlig, lebendig. Sie bringen Leichtigkeit, Weisheit, Unbedarftheit und jede Menge Humor in unsere Welt.

    » Lasst uns die Kinder zum Vorbild nehmen!

2. Kinder haben ein Recht auf eine wunderschöne Zeit in einer pädagogischen Einrichtung, in der sie täglich mit offenen Armen an einem geborgenen Ort von einer zugewandten Fachkraft empfangen werden.

    » Lasst uns einen sicheren Wohlfühlort für Kinder erschaffen!

3. Es darf nicht darum gehen, Fachkräften immer mehr aufzuladen. Es muss darum gehen, mitzuteilen: Es reicht, nein, wir machen nicht mehr, und trotzdem haben wir bessere Bedingungen verdient.

    » Lasst uns ein Statement setzen!

4. Du kannst und wirst nicht alles ändern, aber du kannst etwas tun. Du hast eine Haltung – zu dir selbst, zum Kind oder zum Beruf. Diese Haltung ist entscheidend für den Alltag in deiner Einrichtung und damit auch für dein persönliches Wohlbefinden.

    » Lasst uns den ersten Schritt gehen!

5. Fachkräfte sorgen für Qualität und präventiven Kinderschutz, wenn sie um Unterstützung bitten. Es ist eine große Stärke, zu spüren, wann die eigenen Kapazitäten schwinden, die Nerven dünner werden und der Ton rauer wird.
 » *Lasst uns für uns und die uns anvertrauten Kinder Verantwortung übernehmen!*

6. Kinder werden das, was sie werden – wenn wir ihnen die Zeit dafür geben.
 » *Lasst uns Kindern vertrauen!*

7. Grenzen zu setzen bedeutet, Orientierung, Sicherheit und Halt zu geben.
 » *Lasst uns zum Fels in der Brandung werden!*

8. Damit Kinder lernen, welche Werte wichtig sind, brauchen sie dich, die sich ihrer eigenen Werte bewusst ist und das vorlebt.
 » *Lasst uns selbst zu Vorbildern werden!*

9. Kinder verdienen eine Kindheit, in der sie nicht bewertet werden, in der keine Schlüsse für ihren individuellen Lebensweg gezogen werden.
 » *Lasst uns andere so annehmen, wie sie sind!*

10. Es geht darum, alles zu hinterfragen und ein Fundament zu erschaffen, auf dem Kinder und ihre Familien wachsen und sie selbst sein können, sich richtig fühlen und ihren eigenen Weg finden.
 » *Lasst uns die Lebenswelt für Kinder schaffen, die sie verdienen!*

Deine Vision

Formuliere deine Vision für eine bessere Kita-Welt. Folgende Fragen könnten dir dabei helfen:

- In was für einer Kita-Welt möchtest du leben?

....

....

- Wie würde deine Einrichtung aussehen, wenn alles möglich wäre?

....

....

- Wenn du mit einem Fingerschnips diese eine Sache verändern könntest, welche wäre es?

....

....

- Was wird in der Bildungswelt anders sein, weil du hier gewesen bist?

....

....

> Schreibe deine Vision im Präsens und voller Vertrauen auf. Kein „hätte", „sollte", „könnte" oder ein „wenn – dann".
> Vertraue auf dich, vertraue auf deine Vision und scheue dich nicht vor großen Träumen! Sie bringen das Beste in uns zum Vorschein.
> Also, schnapp dir einen Stift und leg los...

Deine Vision

....

....

....

....

....

....

....

....

10 Dinge, die ich ab morgen verändern kann

1 Nimm dir 30 bis 60 Minuten am Tag **Zeit** für etwas, das dir mit den Kindern **Spaß** macht.

2 Ob Morgenkreis, Mittagessen oder Turnen: 20 Kinder, die alle das Gleiche tun sollen, davon bist du nicht überzeugt? Teilt die Gruppe in Kleingruppen, dadurch könnt ihr auf die **unterschiedlichen Interessen und Bedürfnisse** der Kinder eingehen und auch mehr von dem tun, was euch **Freude** macht.

3 Was stört dich im **Raum?** Gibt es beispielsweise Ecken, die viel zu klein sind, wenn sich viele Kinder dort zeitgleich aufhalten, und Bereiche, die weniger genutzt werden? Was lässt sich **ohne großen Aufwand ändern?**

4 Wo ist der **Ablauf** zu eng getaktet und verursacht **Stress?** Wie lässt er sich **optimieren?** (z. B. mehr Zeit zum Umziehen einplanen, Mittagszeit um 15 Minuten verschieben, Eingewöhnungen auf eine frühere/spätere Uhrzeit legen)

5 Welches **Thema** interessiert dich schon lange, aber du hattest bisher keine Zeit, dich darum zu kümmern? Nutze die nächste Vorbereitungszeit genau dafür und plane deine nächste **Fortbildung.**

6 Alle machen alles? Das muss nicht sein. Wer hat welche **Stärke** und kann sie im **Team** einbringen? Teilt die **Aufgaben** nach euren **Interessen** ein.

7 **Sag Nein** zu Aufgaben, die du nicht zusätzlich übernehmen kannst, weil die Zeit fehlt, du bereits am **Limit** bist oder die Aufsichtspflicht verletzt wird. Ihr findet bestimmt im Team eine andere Lösung. Vielleicht kann die Aufgabe auch einfach mal **unerledigt** bleiben.

8 Du verbringst so viel Zeit in der Kita, was macht sie zu einem **Wohlfühlort?** Wie lässt sich der Flur herzlicher und **einladender** gestalten? Wo habt ihr Platz für eure persönlichen Gegenstände, Taschen, Ersatzkleidung etc.? Wo hast du einen **Ort zum Durchatmen?** Wo findest du **Inspiration,** z. B. durch ein Wohlfühl-Board mit wunderschönen Sprüchen? Was zaubert dir ein **Lächeln** ins Gesicht?

9 Mache einen Tag alles **anders,** finde heraus, was sich für dich **gut anfühlt, was du ändern willst** und was gerne so **bleiben kann,** wie es ist.

10 Schreibe mal alle Aufgaben auf, für die du zuständig bist. Gehe die Liste durch und setze deine **Prioritäten:** A) Was dient den Kindern und ist wirklich sinnvoll? B) Was dient dir und ist wirklich sinnvoll? C) Was dient anderen und ist wirklich sinnvoll?

Wie willst du als Fachkraft sein?

Literaturverzeichnis

Focali, E. (2011): Aggressionen und Gewalt begegnen. Konfliktbewältigung in der Kita. Köln: Bildungsverlag EINS.

Hausler, M. (2019): Glückliche Kängurus springen höher. Impulse aus Glücksforschung und Positiver Psychologie. Paderborn: Junfermann.

Juul, J. (2013): Grenzen, Nähe, Respekt. Auf dem Weg zur kompetenten Eltern-Kind-Beziehung. Reinbek bei Hamburg: Rowohlt.

Laewen, H.-J. & Andres, B. (2022): Gut aufgehoben in der Kita. Zur Praxis einer professionellen Ethik. Freiburg im Breisgau: Herder.

Langwara, R. & Eilert, D. W. (2021): Die Kraft unserer Emotionen. Resilient und stressfrei mit Mesource. Paderborn: Junfermann.

Sasse, H. (2023): Konflikte lösen. Schwierige Situation im Kita-Alltag meistern. Freiburg im Breisgau: Herder.

Scherwath, C. (2021): Liebe lässt Gehirne wachsen. Berlin: Cornelsen.

Tellisch, C. & Prengel, A. (2022): Damit Kinder pädagogisch nicht mehr degradiert werden - Zahlen, Szenen und Schritte zu lebenswichtiger Anerkennung in Kitas und Schulen. In: Schule Lernen Bildung im 21. Jahrhundert. Gütersloh: Bertelsmann Stiftung. Online unter: https://schule21.blog/2022/09/28/damit-kinder-paedagogisch-nicht-mehr-degradiert-werden-zahlen-szenen-und-schritte-zu-lebenswichtiger-anerkennung-in-kitas-und-schulen/ (letzter Zugriff: 29.03.2023).

Wedewardt, L. (2022): Wörterzauber statt Sprachgewalt. Achtsam sprechen in Kita, Krippe und Kindertagespflege. Freiburg im Breisgau: Herder.

Wedewardt, L. & Cantzler, A. (2022): Sich seiner selbst bewusst sein. Biografische Selbstreflexion. Freiburg im Breisgau: Herder.

Wedewardt, L. & Hohmann, K. (2021): Kinder achtsam und bedürfnisorientiert begleiten. Freiburg im Breisgau: Herder.

Winkelmann, A. S. (2022): Machtgeschichten. Ein Fortbildungsbuch zu Adultismus für Kita, Grundschule und Familie. Oberfrohna: Edition claus.

Zemp, M.; Bodenmann, G. & Zimmermann, P. (2019): Außerfamiliäre Betreuung von Kleinkinder : Bindungstheoretische Hinweise für Therapeuten, Pädagogen und Pädiater. Wiesbaden: Springer.

Tipps zum Weiterlesen:

Boll, A. & Remsperger-Kehm, R. (2021): Verletzendes Verhalten in Kitas. Eine Explorationsstudie zu Formen, Umgangsweisen, Ursachen und Handlungserfordernissen aus der Perspektive der Fachkräfte. Opladen, Berlin, Toronto: Barbara Budrich.

Mauritz, S. (2020): Kriegsmetaphern. https://www.resilienz-akademie.com/kriegsmetaphern/ (letzter Zugriff: 29.01.2023).

Maywald, J. (2019): Gewalt durch pädagogische Fachkräfte verhindern. Die Kita als sicherer Ort für Kinder. Freiburg im Breisgau: Herder.

Porges, S. W. (2021): Die Polyvagaltheorie und die Suche nach Sicherheit. Gespräche und Reflexionen. Traumabehandlung, soziales Engagement und Bindung. Lichtenau: G.P. Probst.

Rosenberg, M.: Erziehung zur Gewalt (Aufbau einer Wolfsakademie). Online unter: https://www.youtube.com/watch?v=SRZ4QPfaHv8 (letzter Zugriff: 10.07.2022)

Watzlawick, P. (1994): Anleitung zum Unglücklichsein. München: dtv.

Wollasch, U. (2020): Reckahner Reflexionen. Zur Ethik pädagogischer Beziehungen. Online unter: https://www.kita-fachtexte.de/de/fachtexte-finden/reckahner-reflexionen-zur-ethik-paedagogischer-beziehungen (letzter Zugriff: 30.03.2023).

Verzeichnis der Autorinnen und Autoren

Kathrin Hohmann hat Erziehung und Bildung im Kindesalter (BA) und Soziale Arbeit mit dem Schwerpunkt Familie (MA) studiert. Sie unterhält den Blog www.kindheiterleben.de und leitet den gleichnamigen Podcast „Kindheit erleben". Im Podcast vom niedersächsischen Institut für frühe Bildung (nifbe) „Auf die ersten Jahre kommt es an" führt sie Expert:inneninterviews.

⊕ https://kathrinhohmann.de
◉ @kindheit_erleben

Lea Wedewardt ist Kindheitspädagogin (BA) und hat Praxisforschung in der Pädagogik (MA) studiert. Sie arbeitete im Qualitätsmanagement für Kitas und war als Dozentin einer Erzieherfachschule tätig. Sie betreibt einen Blog zur bedürfnisorientierten Kinderbetreuung (www.beduerfnisorientierte-kinderbetreuung.de) und einen passenden Podcast (der Kita Podcast).

⊕ https://beduerfnisorientierte-paedagogik.de
◉ @derkitapodcast

Fea Finger ist Kindheitspädagogin und als Weiterbildnerin, Podcasterin (Fea's naive Welt) und stellvertretende Kita-Leiterin tätig.

⊕ https://feafinger.de
◉ @feafinger

Christin Füchtenschneider ist Kindheitspädagogin (B.A.), Systemische Beraterin und Kita-Leiterin. Sie ist als Supervisorin für pädagogische Fachkräfte und Eltern tätig und leitet Kurse.

🌐 https://www.beratung-mitherzundleidenschaft.de/
📷 @mit_herz_und_leidenschaft

Hannah Vasiliadis sammelte Praxiserfahrung in verschiedenen pädagogischen Settings. Aktuell ist sie als Referentin, Hochschuldozentin, Autorin und Coach tätig.

🌐 https://hannahvasiliadis.net/
📷 @hannah.vasiliadis

Hergen Sasse ist Referent für betriebliches Konfliktmanagement und bietet Fortbildungen zur Konfliktklärung sowie Kommunikationstrainings für pädagogische Fachkräfte im deutschsprachigen Raum an. Auf YouTube unterhält er den Kanal #sozialundstark mit eigenen Impulsvideos und Expert:inneninterviews.

🌐 https://sozialundstark.com/
📷 @sozialundstark

Sebastian Lisowski bewegt sich seit über 15 Jahren im Bereich Kita, ist Kindheitspädagoge B.A., Mentor, Dozent und pädagogischer Fachberater.

🌐 https://paedagogikguru.de/
📷 @paedagogikguru

Laura Henriette Grimm ist Kindheitspädagogin und angehende Gesundheitspsychologin. Sie ist als Schulbegleitung, Koordinatorin, Beraterin für Fachkräfte aus Kita und Schule und als Dozentin im Bildungssektor tätig.

🌐 https://www.101visionen.com/
📷 @101visionen

Anna Noß ist Diplom-Religionspädagogin, hat ein sozial-kulturelles Projekt in Berlin für Kinder aufgebaut und in Kitas und im Hort gearbeitet. Seit vier Jahren ist sie in freien Schulen unterwegs. Sie schreibt den Blog Kinderwärts, berät, gibt Online-Kurse und illustriert Bilder zum Thema.

🌐 https://kinderwaerts.de/
📷 @kinderwaerts

#kitarevolution

kindergarten heute

begleitet dich bei deiner Kita(r)evolution!

INSPIRIEREND

PROFESSIONELL

UNVERZICHTBAR

Weitere Infos unter:
www.kindergarten-heute.de